U0457187

高校MOOC学习满意度指数的
模型构建与实证研究

○ 孙发勤 著 ○

江苏大学出版社
JIANGSU UNIVERSITY PRESS

镇 江

图书在版编目(CIP)数据

高校MOOC学习满意度指数的模型构建与实证研究 /
孙发勤著. -- 镇江：江苏大学出版社，2023.12
　ISBN 978-7-5684-2143-0

　Ⅰ.①高… Ⅱ.①孙… Ⅲ.①高等学校－网络教学－
教学质量－指数模型－研究 Ⅳ.①G642

中国国家版本馆CIP数据核字(2023)第249752号

高校**MOOC**学习满意度指数的模型构建与实证研究
Gaoxiao MOOC Xuexi Manyidu Zhishu de Moxing Goujian yu Shizheng Yanjiu

著　者/	孙发勤
责任编辑/	徐　婷
出版发行/	江苏大学出版社
地　址/	江苏省镇江市京口区学府路301号(邮编：212013)
电　话/	0511-84446464(传真)
网　址/	http://press.ujs.edu.cn
排　版/	镇江市江东印刷有限责任公司
印　刷/	江苏凤凰数码印务有限公司
开　本/	718 mm×1 000 mm　1/16
印　张/	10.5
字　数/	201千字
版　次/	2023年12月第1版
印　次/	2023年12月第1次印刷
书　号/	ISBN 978-7-5684-2143-0
定　价/	59.00元

如有印装质量问题请与本社营销部联系(电话：0511-84440882)

目　录

第 1 章　绪论

1.1　研究背景

1.1.1　新时代对高等教育改革提出新要求

随着信息技术的发展，大数据、云计算等信息技术在教育以外的行业广泛应用，高等教育面临着前所未有的发展机遇，如何利用信息技术助力新时代高等教育改革成了时代命题。2016 年，习近平总书记在全国高校思想政治工作会议上指出：实现中华民族伟大复兴，教育的地位和作用不可忽视，我们对高等教育的需要比以往任何时候都更加迫切，对科学知识和卓越人才的渴求比以往任何时候都更加强烈。2019 年，中共中央、国务院印发《中国教育现代化 2035》，提出到 2035 年"建成服务全民终身学习的现代教育体系、普及有质量的学前教育、实现优质均衡的义务教育、全面普及高中阶段教育、职业教育服务能力显著提升、高等教育竞争力明显提升、残疾儿童少年享有适合的教育、形成全社会共同参与的教育治理新格局"。因此，新时代对高等教育改革提出了新的要求。

现阶段，随着知识更新周期、知识半衰期的不断缩短，人力资本的贬值速度不断加快，传统的以学校课堂为主的高等教育已不能适应最新的知识经济时代。

（1）知识生产模式的改变导致知识总量呈几何级数增长

20 世纪 80 年代初，著名的发明家和思想家巴克敏斯特·富勒（Buckminster Fuller）提出了"知识倍增曲线"的概念。他注意到，1900 年前，人类的知识大约每个世纪都会倍增；而到第二次世界大战结束时，人类的知识每 25 年就翻一番。在知识经济时代，知识的生产模式正由传统的以学术兴趣所主导的单学科为主的模式 1 向以在应用情境进行的跨学科生产的模式 2 转变。新知识生产模式导致知识数量激增，人类的知识已经从线性增长过渡到指数增长阶段，现在人类的知识每天都会翻一番，而且增长速度预计会更快。由于书本编写、印刷及发行都需要较长的周期，因此书本知识远远跟不上新知识更新的步伐，传统的以书本为知识载体、以学校课堂教学为主的教育模式，已经不能适应目前知识的快速增长。

（2）知识半衰期的不断缩短增加了人力资本的贬值速度

哈佛大学数学家塞缪尔·阿贝斯曼（Samuel Arbesman）指出，知识的半衰期是指在某一特定领域的一半知识或事实被取代或显示为不真实所经过的时间。一个世纪前，工程师在获得学位时学到的一半知识要花 35 年的时间才能被否定或取代；到了 20 世纪 60 年代，这个时间跨度缩小到了仅需 10 年；现阶段，工程学位的半衰期为 2.5~5 年，而某些技能的知识半衰期只有 18 个月的时间窗口。甚至有人预言，不少专业技能在助学贷款还清之前，所获学位就已经过时。知识半衰期的不断缩短导致技术变迁的速度越来越快，引起人力资本的加速贬值。因此，有限的在学校期间的学习根本不能满足国家和个人对人力资本的长期再生产需求。

（3）传统的分科教学已不能满足社会对人才的复杂需求

区别于工业时代对人才的精细化分工的需求，现代企业对人才的知识需求已经超越了分科体系，对所需人才的知识宽度和深度都提出了新的要求。现在各高校在实施更专、更深专业课程计划的同时开展的各种通识博雅教育的尝试就是对企业人才新需求的积极响应。同时，综合分析与决策力、情感交流与同理心、创造思维与想象力、团队协作与互动等"软技能"正成为新时代的核心竞争力。因此，建立在工业革命基础上的现代教育，其课程体系以分科教学为主，教师也是一支专门的队伍，其主要职责是教学，而且往往服务于分科教学，甚至有不少教师长期脱离生产实践，这样的课程体系与教师队伍同样不能满足目前社会对人才综合技能的需求。

1.1.2　信息技术影响教育改革的机制亟待厘清

（1）高等教育规模增长与信息技术发展关系模糊不清

信息技术发展与高等教育规模增长的关系一直模糊不清。信息技术对高等教育改革有没有促进作用，其作用机制又是什么？这个问题至今没有答案。但通过一些蛛丝马迹的证据能对信息技术发展与高等教育改革的关系做一个很浅显的分析。例如，通过观察高等教育规模随时间的增长与技术发展的年代属性之间是否有较强的相关性，就能对这个关系做粗浅的判断。因此，本研究拟通过研究不同时期高等教育规模增长变化和信息技术发展在该时期是否有重大事件发生之间的关系，间接分析信息技术对高等教育改革是否有影响。

通过国际经济合作与发展组织（简称经合组织，OECD）在线网站，本研究获取并分析了所有经合组织成员国受过高等教育的人口比例等数据。1981—2016 年以来，大部分经合组织成员国内 25～34 岁受过高等教育的人口比例没有出现显著波动，如图 1-1 所示。1992 年美国受过高等教育的人口比例有一个较大的增长，经查阅资料发现，该增长来源于"婴儿潮"后美国师资短缺而引起的师范生扩招。因此，从图中似乎看不出信息技术的发展与高等教育规模变化的关系，尤其是多国的该年龄段人口入学平均数据更接近直线。由此可以看出，高等教育规模增长与信息技术发展似乎没有太大关系，或者说，高等教育规模增长与信息技术发展的关系是模糊不清的。

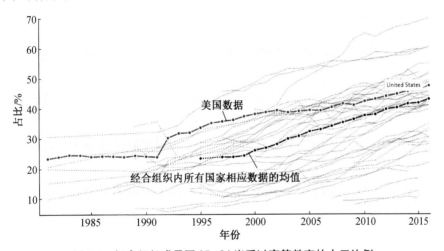

图 1-1　经合组织成员国 25～34 岁受过高等教育的人口比例

（2）短期对技术的批判与长期"乔布斯之问"的根源

随着计算机网络与信息技术在教育中的广泛应用，基于现代互联网技术的在线教育迅速兴起并得到持续快速发展，这在一定程度上缓解了传统教育的压力。新时代在线开放课程正以大规模开放在线课程（massive open online course，MOOC）的形式以其独有的共享性得到了公众前所未有的强烈关注。世界顶尖大学纷纷加入其中，如哈佛大学、耶鲁大学、麻省理工学院及伦敦大学等。国内知名高校也相继实施 MOOC 计划，如清华大学、北京大学、中国科技大学、上海交通大学等。不少观点认为，MOOC 将来会取代大部分传统的大学，Udacity 首席执行官甚至宣称"50 年后将仅存 10 所大学，而 Udacity 便是其中一所"。与这些乐观主义言论并存的更多的是对MOOC 的批评声音，如 MOOC 课程的完成率不高、教学模式是传统模式的电子化、很难实现个性化学习、学习体验差、学习效果难以评估等，这些不足正被不少研究者诟病，成为当前 MOOC 发展的难题。由此可以看出，以 MOOC 为代表的信息技术的发展似乎没能产生它们的拥护者所描述的教育改革颠覆性力量。

另外，教育界还存在著名的"乔布斯之问"："为什么计算机改变了几乎所有领域，却唯独对学校教育的影响小得令人吃惊?"长期发展出现的"乔布斯之问"与短期对以 MOOC 为主的信息技术对教育影响的批评的声音都进一步呈现了信息技术作用于高等教育改革过程机制的复杂性与内隐性。

1.1.3　以 MOOC 为代表的技术机遇与挑战并存

（1）MOOC 迅速兴起，平台层出不穷

为了缓解知识经济带来的知识爆炸及人力资本快速贬值问题，在线教学受到研究者与公众的瞩目。2012 年 MOOC 元年至今，无论在国内还是在国外，在线教育一直都是教育界最热门的话题。MOOC REPORT 网站显示，截至 2018 年 12 月，国外主流的 MOOC 平台用户数量已接近 1 亿人，其中Coursera 注册用户有 3700 万人，edX 注册用户有 1800 万人，Udacity 注册用户有 1000 万人，FutureLearn 注册用户有 870 万人，全球有超过 900 家大学提供了约 11400 门 MOOC 课程。在中国，也有大批 MOOC 粉丝，据《人民日报》数据，与 2017 年相比，2018 年中国上线 MOOC 数量由 3200 门增至1.25 万门，学习人数由 5500 万人次增至 2 亿多人次。

越来越多优质 MOOC 的兴起，极大推动了 MOOC 教育的蓬勃发展。丰富多元的在线课程资源吸引了大量学习者注册加入，使得 MOOC 平台的用户数量出现了指数级增长。例如，被誉为 MOOC 平台"三驾马车"的 edX、Coursera 和 Udacity，以"值得传播的创意"为宗旨的 TED，英国开放大学的FutureLearn，以及国内线上主流平台学堂在线、好大学在线、中国大学MOOC 等。

Coursera 由斯坦福大学计算机科学教授达芙妮·科勒（Daphne Koller）和安德鲁·吴（Andrew Ng）于 2012 年创立，他们的愿景是为世界上任何地方的任何人提供最好的教育。截至 2019 年 11 月，Coursera 已经在全世界各地拥有超过 4000 万学习者、1900 家大学合作伙伴、3600 多门在线课程。学习者可以在课程中找到来自 190 多所顶级大学和公司的在线课程、专业证书课程（面向开始新的职业或想改变现在职业的企业员工）、MasterTrack 证书课程（硕士课程的一部分分割成在线模块，这样学习者就可以以灵活、互动的方式及较低的价格获得名校颁发的职业证书），合作机构主要包括耶鲁大学、宾夕法尼亚大学、谷歌、IBM 等。Coursera 是一个综合性在线课程平台，课程由文艺与艺术、商务、计算机科学、数据科学等 10 个大类组成，一般都是大众需求量较高的热门课程。

edX 由哈佛大学和麻省理工学院于 2012 年创立，是一个非营利性的开源式 MOOC 平台，合作机构大多是世界顶尖大学和行业领先公司。作为一个全球性的非营利组织，edX 正通过消除成本、地点及获取途径的障碍改变传统教育。为了满足学习者的需求，edX 提供了高质量的、可堆叠的学习体验，包括开创性的 MicroMasters® 课程。edX 可以为每个阶段的学习者（无论是已就业人员还是在校学习者）提供支持，为他们提供有助于职业晋升、探索新领域的课程，内容涵盖数据、计算机科学、领导力、沟通力等多个方面。截至 2019 年 11 月，edX 已拥有超过 2000 万名学习者、2400 多门课程及 120 多个合作机构。

Udacity 成立于 2011 年，最初是斯坦福大学教师 Sebastian Thrun 和 Peter Norvig 免费向所有人提供他们的在线开放课程"人工智能入门"。Udacity 能为终身学习者提供他们所需要的技术技能，从而帮助他们获得想要的工作。Udacity 主要和 Google、IBM、Facebook、Mercedes、亚马逊等全球领先企业合作，提供时下流行的 IT 课程，如 Android、IOS 开发、数据科学等科技课程。相比 Coursera 和 edX，Udacity 的课程门类比较集中，以计算机及工程类学科为主。截至 2019 年 11 月，已有来自 190 多个国家的 16 万名学习者注册。Udacity 提供纳米学位的定位为可为学习者提供知名企业教授实用技能的课程，完成学习可获得技能证书，旨在帮助学习者找到理想工作。

FutureLearn 是一家由英国开放大学（Open University，UK）和 SEEK 集团共同运营的私人公司。英国开放大学在远程教育和在线教育方面已有 50

多年的经验。FutureLearn 有来自世界各地的约 170 家合作伙伴，其中包括许多英国及其他国家的一流国际大学，以及拥有大量文化和教育资源档案的机构，如英国文化教育委员会、大英图书馆、大英博物馆和英国国立电影电视学校。2013 年 9 月 FutareLearn 开设了第一批课程，截至 2019 年 11 月已有 700 多万人加入了该平台的相关课程的学习，平台不仅提供与职业发展相关的课程并提供学术或专业证书，同时还提供从本科到硕士的一流大学的在线学位课程。

学堂在线是清华大学于 2013 年发起建立的中国首个慕课平台，是国家首批双创示范基地项目，是中国高等教育学会产教融合研究分会副秘书长单位，也是联合国教科文组织（UNESCO）国际工程教育中心（ICEE）的在线教育平台。目前，学堂在线开设了 3000 多门高质量课程，这些课程分别来自清华大学、北京大学、复旦大学、中国科学技术大学，以及麻省理工学院、斯坦福大学、加州大学伯克利分校等，涵盖 13 个大学学科门类。

好大学在线由中国高水平大学慕课联盟提供支持，旨在通过交流、研讨、协商、合作等方式，打造具有中国特色的、高水平大型在线公开课平台，为成员单位和社会提供优质的 MOOC 课程。截至 2019 年 11 月，好大学在线课程平台已有课程 1400 多门、合作机构 276 家，课程主要涵盖理学、工学、医学、经济学等相关专业。

中国大学 MOOC 是由网易与高等教育出版社携手推出，以国家精品开放课程为主的平台。该平台可以为每个有意愿提升自己的学习者提供免费优质的高等教育，课程由各校教务处统一管理运作。截至 2019 年 11 月，中国大学 MOOC 共与 340 多家高校和机构合作开设了约 815 门课程。

不同 MOOC 平台的课程类型、数量及来源情况如表 1-1 所示。

表 1-1　各 MOOC 平台课程情况一览

平台名称	课程类型	课程数量	课程来源
Coursera	综合性	>3600	美国名校
edX	综合性	>2400	国际名校
Udacity	IT		Google 等知名企业
FutureLearn	综合性		英国名校及机构
学堂在线	综合性	>3000	中、美理工科院校

平台名称	课程类型	课程数量	课程来源
好大学在线	综合性	>1400	中国知名院校
中国大学 MOOC	综合性	>810	中国高校

（2）MOOC 发展遭遇前所未有的挑战

随着 MOOC 的快速扩张，不少专家对 MOOC 的教学方法、教学成效提出了质疑。2014 年 8 月，果壳网针对 MOOC 中文用户发起了大规模问卷，调查发现，在线学习者缺乏毅力、可以投入的时间有限、语言障碍及网络障碍等原因导致用户的 MOOC 完成率只有 5%～10%。2013 年，尼尔森的《中国在线教育调查报告》显示，我国在线教育只有不到 10% 的用户表示"非常满意"，有 48% 的用户认为无法交互，39% 的用户认为没有课堂气氛，这些正成为阻碍在线教育课程发展的突出问题。很多学者也对 MOOC 的自主学习模式和教育质量感到困惑，MOOC 究竟能给学习者提供怎样的服务以赋能现阶段的高等教育教学？

（3）MOOC 正处于幻想破灭的最低谷

为了解全社会对 MOOC 的关注度，本研究在百度指数中输入关键词"MOOC"及"慕课"分别进行了查询。通过对比分析发现，2012 年之前大众对 MOOC 的认知非常低，直至 2012 年 MOOC 才慢慢被国人所熟知。2012 年至今，关键词"MOOC"比"慕课"条目数略高，说明在表达大规模在线开放课程时，用户使用关键词"MOOC"略多于"慕课"，但两个词的走势基本一致，在 2014 年经过一个高峰后，后期呈总体缓慢上升趋势，在 2019 年上半年有较大的提高，如图 1-2 所示。由此可见，MOOC 正越来越多地受到大众的再次关注。

高德纳技术成熟度曲线是指每一项新技术或其他创新所产生的共同模式的图形描述，包含科技诞生的促动期、过高期望的峰值、幻想破灭的低谷、稳步爬升的光明期、实质生产的高峰期 5 个阶段。如图 1-3 所示，在 2019 年 Web Courseworks 关于 eLearing 的技术成熟度曲线中可以看出，MOOC 正处在幻想破灭的低谷，迫切需要对目前 MOOC 在教育教学中遇到的瓶颈问题进行深入研究，以为其快速进入爬升期和生产高峰期奠定理论基础、提供发展新思路。

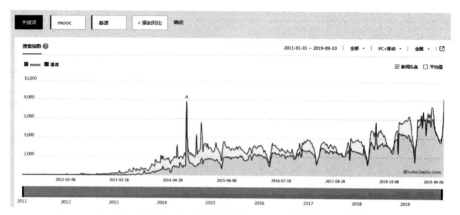

图 1-2　关键词"MOOC"及"慕课"在百度指数搜索中的变化趋势

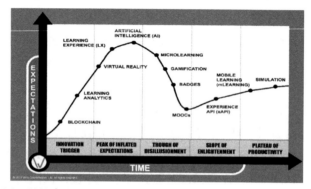

图 1-3　2019 年 Web Courseworks 关于 eLearing 的技术成熟度曲线

不少学者深感困惑：在建设学习型社会的大背景下，以 MOOC 为代表的信息技术应该如何服务于高等教育教学、开放教育与终身教育？因此，探索影响 MOOC 学习满意度的主要因素及其作用机制，研究以 MOOC 为代表的新型教育模式与传统教育模式之间的关系，成为提高 MOOC 学习满意度和参与度、提升持久度的重要途径，并且在此基础上进一步探寻 MOOC 如何赋能高等教育教学改革及学习型社会构建显得尤其重要。

1.2　研究目标与意义

1.2.1　研究目标

首先，基于顾客满意度指数模型、自我决定论、技术接受模型及系统信息持续使用模型等理论，通过对 MOOC 课程学习者进行调查、访谈研究，结合 MOOC 平台用户学习数据进行分析，建立 MOOC 学习满意度指数模型，并对 MOOC 满意度指数模型进行解读与归因分析，从而进一步研究 MOOC 学习满意度与 MOOC 持续使用行为的关系。其次，为 MOOC 平台提供理论和实践指导，以便平台能更好地帮助用户实现个性化学习、提高课程"黏度"、改善用户学习体验、提高学习满意度，最终提高课程的完成率以达到预期的学习目标。最后，通过研究信息技术发展与高等教育改革之间的关系，探索以 MOOC 为主的新型教育教学模式如何赋能高等教育教学改革及学习型社会的构建。

研究目标将细化为下列子目标：

目标 1：梳理满意度指数相关文献，建立 MOOC 学习满意度指数假设模型。

目标 2：通过预调查，利用结构方程模型构建 MOOC 学习满意度指数模型。

目标 3：基于实证研究数据，对 MOOC 学习满意度指数模型进行深度解读。

目标 4：实施深度访谈，验证 MOOC 学习满意度指数模型，探索满意度形成的背后驱动因素。

目标 5：利用学习分析技术，研究 MOOC 学习过程中不同学习者的行为特征差异，探索学习满意度动态模型的构建方法。

目标 6：通过对信息技术与高等教育改革的关系的研究，分析传统教学与以 MOOC 为代表的新型教育模式的辩证关系，探寻 MOOC 服务于高校教学改革、建设学习型社会的新途径。

1.2.2　研究意义

（1）理论意义

① 推进 MOOC 学习满意度指数模型构建理论系统化。

从目前的研究现状可以发现，MOOC 学习满意度的研究实证性较强，但大多基于实证研究的方法论进行调查分析；关于学习满意度模型构建的系统理论显得相对薄弱，大多数研究以顾客满意度指数（customer satisfaction index，CSI）模型为指导，更多的是对调查结果的直接分析或者对现实情境的描述，问题意识较强但缺少系统理论的指导。因此，从 MOOC 学习的全过程出发，对 MOOC 学习满意度进行全方位、多角度的立体剖析很有必要。在阐释状态的基础上，应将其融入理论分析框架，从而推进 MOOC 学习满意度研究系统理论的建立与完善。

② 以多学科视野研究 MOOC 学习满意度指数模型。

满意度，并不是源于教育学科的概念，但在高等教育的研究中却发挥了重要作用，占有一席之地。从满意度概念的产生和发展脉络不难看出，对 MOOC 学习满意度的研究注定是跨学科的，必定要站在多学科的视野对目前的 MOOC 学习满意度进行全面深入剖析，其研究结论对各个学科的发展有较强的推动作用和积极意义。

目前研究多采用顾客满意度指数作为理论基础和出发点。但对于学习满意度研究，应该结合教育特点，以高校学习者参与 MOOC 学习的全过程为研究学习满意度的支撑点，真正实现对学习者心理状态的把握。因此，研究的手段注定要结合传统数据分析方法及新兴的机器学习工具，充分利用 MOOC 用户数量大、学习产生的数据多等数据优势，从学习过程中挖掘不同 MOOC 学习满意度的深层次行为表现，探索动态学习满意度测量模型。

（2）实践意义

① 为增强课程"黏度"、改善用户体验提供决策依据。

在微观层面，利用 MOOC 平台产生的大量学习数据，探究影响持续使用的行为特征，通过对不同行为特征的分析，精准识别不同类型的学习者，并对不同类型学习者的学习行为进行干预（精准学习资源推荐、师生互动反馈、动态提醒），以满足其能力需要、自主需要及关系的需要，最终达到增强课程"黏度"、提高 MOOC 学习满意度和 MOOC 课程学习完成率的目的。

② 为优化 MOOC 课程设计、提升开发质量提供理论支撑。

在中观层面，基于 MOOC 的满意度指数模型，可为 MOOC 课程的组织、设计、开发提供指导。利用该模型设计的 MOOC 平台，为自适应学习和个性化学习提供解决方案，为课程设计和平台设计提供服务支持和建议，以改进和优化课程设计、平台设计，改善用户体验并提高满意度，最终提高课程的完成率。

③ 为推进高校教育教学改革、建设学习型社会提供帮助。

在宏观层面，通过对信息技术与教育改革关系的研究，厘清信息技术对教育改革的影响机制，分析传统教学与以 MOOC 为代表的新型教学的辩证关系，探索以 MOOC 为代表的信息技术如何服务于高等教育教学改革，以提高高等教育教学质量，服务于"一流本科"建设，同时也为加快建设学习型社会提供思想、技术及资源方面的支持。

1.3　国内外研究综述

1.3.1　学习满意度内涵研究综述

在进行学习满意度指数研究之前，首先要厘清满意度的内涵，这是学习满意度指数研究的起点。纵观国内外，Cardozo 于 1965 年首次对顾客满意度进行了研究，他认为顾客满意度是顾客对一个产品可感知的效果（或结果）与预期期望值进行比较后所形成的愉悦或失望的感觉状态，并指出提高顾客满意度会增加顾客的再次购买行为。随着时间的推移，满意度研究也从关注服务过程、服务效果、满意度指数转向开展不满意调查、进行短板改进，再到优化资源投入边界、提供差异化服务、关注高满意度人群，最终建立了以满意度为核心的服务管理体系。综上所述，满意度是追求目标的一种内部心理状态，是个体实现目标的心理渴望，是一个模糊且抽象的名词，会因目的和对象的不同出现差异，可以从感知质量、用户预期、价值感知和品牌形象等方面进行研究。因此，通过用户满意度研究可以提升用户体验、促进产品短板改进与资源配置优化。

对于学习满意度的内涵的阐述，最早出现在 20 世纪 60 年代的北美国家，这些研究关注的重点主要集中在学习活动的内容、方法、过程、结果及学习者内在的主观感受等方面。研究认为，在学习的过程中，如果学习者觉得达到或超过了预期的价值，则是满意的；如果低于期望值，则是不满意的。由于专家对学习满意度研究的侧重点不同，对学习满意度的定义也有很大的不同。早在 1982 年，Tough 就对学习满意度进行了研究，并使用学习满意度对学习者参与学习活动的动机和结果进行了解释。他认为学习满意度是指学习者在学习活动或过程中的感受或态度，这种感觉和态度来源于学习者的需求与愿望是否得到满足。Martin 则认为满意基于个体对经验获得的期望与实际感受之间的差异性，当学习者所感受到的等于或超出所期望的，则感觉到满意；反之，则不满意。

国内学者在 21 世纪初才引入顾客满意度模型来研究学习的满意度，主要代表有杜绍萍、黄玉湘、王纯等。杜绍萍认为学习满意度是指学习者对整体学习的感觉和态度，这种感觉或态度来自学习的结果是否满足学习者的需求和愿望，以及学习经历是否使学习者感到满足。黄玉湘认为学习满意度是指学习者参加学习活动后达成了在学习之前预期的目标，满足了他们的学习需求、心理上的愉悦感，并对学习活动有了更积极的态度。王纯认为满意度这种感觉的形成可以使学习者喜欢上学习活动，如果能获得这种感觉，那么在没有监督的情况下，学习者也愿意积极参加学习活动并完成学习过程。田慧生等认为满意度是一种"其要求已被满足的程度的感受"，他对我国多个省级行政区的幼儿、中小学生、家长和一线教师进行了大规模调查。调查显示，在基础教育满意度指数模型中，学生和家长的满意度受教育期望、质量感知和公平感知维度显著正向影响，教师满意度受期望、保障条件感知、学校管理质量感知等维度显著正向影响；此外，教育公平感知、保障条件感知还分别通过质量感知和管理感知间接影响总体满意度水平。

基于上述学者对学习满意度进行的研究，可以发现大致有两种关于学习满意度的描述：一种侧重于学习过程中的感觉和态度，另一种侧重于学习结果的感觉和态度。本研究认为，偏废于任何一方的满意度研究都是对学习满意度研究内涵的相对简单化。对于学习而言，学习过程及学习结果本身就是相互联系的两个有机组成部分，过程和结果的满足都是构成学习满意度的重要组成部分。因此，本研究认为，学习满意度指的是一种学习过程中体验良好产生的心理上的愉悦感，以及学习者对学习结果满足自身期望及需求程度的评价。

本研究以学习者对 MOOC 学习的感知程度为基准，将期望、参与、体验和感知这些心理因素相结合，通过建立 MOOC 学习满意度指数模型，测量学习者学习的行为、感受、体验和态度的心理表征，对比学习前期望和学习后结果，把握期望、过程和结果之间的相对关系，形成个体化的价值判断，以求客观、真实地呈现影响 MOOC 学习满意度的核心要素及其之间的作用机制。

1.3.2　在线学习满意度研究综述

在线学习是通过计算机网络、移动网络、无线网络在虚拟教室中进行在线教与学的一种方式。它是在通信技术、计算机技术、人工智能、网络技术和多媒体技术支持下的一种基于技术的学习。因此，随着远程教育的普及和网络课程的大规模开展，在线学习满意度的研究受到越来越多的关注。但在线学习满意度的研究与传统的学习满意度研究存在一定的差异，研究普遍侧重于学习者在虚拟学习空间中是否获得了预想的学习过程、体验和结果。

纵观众多文献，影响网络课程学习满意度的因素是多方面的、复杂的。研究人员对在线学习满意度的研究侧重点不同，分析角度就不同，对其结构因素的分析也就不同。Aldridge 通过调查问卷收集学习者满意度信息，从分析学习不满意角度提出了"负质量"模型，为研究网络环境中不同学习者的反馈提供了研究框架。Sangeeta 对学习者满意度测评体系进行了深入的研究，他从学习者的角度研究如何测评印度教育机构的质量，如何利用 SE-RVQUAL 模型来识别客户的期望和实际服务之间的差距，并通过对质量功能的研究，确定了一套最低限度满足学习者需求特点的要素。East 研究了国际学习者对澳大利亚大学提供的支持服务的满意度，发现国际学习者非常重视大学的教学质量、大学对国际学习者的重视，以及与澳大利亚当地学习者的融合。Pereda 对来自海外的学习者学习课程的满意度进行了研究，他指出认可度、教学质量和与教师的互动、资源充足、身体素质是学习满意度的 4 个重要因素。

随着网络学习的快速发展，我国对网络学习满意度的研究也有了一定的理论基础。赵国栋、袁帅以北京大学教学网络为例，设计了学习者满意度的 4 个维度：学习者特征、教师特征、课程特征、系统功能特征。除此之外，他们还设计了满意度分析模型，并通过量表进行了调查。研究发现，学习者对计算机学习的适应性、认知有用性，教师对作业和考试反应的及时性、认知易用性，以及课程的应用性是影响学习者对混合式学习满意度的重要因素。高等教育领域的学者胡子祥通过实证研究发现，高等教育服务质量对学习者满意度有直接和间接影响。黄福生从学习者角度进行调研，指出远程服务教学质量主要由 5 个要素构成,分别是教学服务质量、服务管理质量、学习网站质量、学习支持服务质量和学习资源服务质量。胡勇、赵凤梅等认为影响在线学习成效的因素可以归结为与在线学习过程紧密相关的六大维度,即学习者、教师、课程、技术、环境和设计。

综上所述,现有研究关于网络学习的学习质量、满意度、行为意向、学习者参与等方面的较多,大多数工作集中于以顾客满意度指数模型或学习理论为基础,重点研究在线学习支持服务的影响因素,并深入探讨每个影响因素与学习支持服务质量之间的联系,以及它们是如何影响学习者在线学习满意度的。

1.3.3　MOOC 学习满意度研究综述

由于 MOOC 在 2013 年才在世界范围内大规模流行,到目前为止,中国知网(CNKI)、Web of Science(SCI \ SSCI \ AHCI)、IEEE/IEE Electronic Library(IEL)通过关键词"(MOOC+慕课)* 满意度指数"及"'MOOC' * 'Satisfaction Index'"进行检索,仍未发现 MOOC 课程学习满意度指数研究的相关文献,但已经有不少学者开始研究 MOOC 的有效性、质量和持续使用意愿等方面的问题。Despujol 在大规模实施 MOOC 的西班牙语的社区进行学习者意愿调查时发现,在 Miríadax 平台上,课程质量 80%~90% 取决于教学内容是否优秀,大部分没有完成课程的学习者都是因为缺少时间,如果有学习方式和学习质量的监控手段,那么学习者满意度将提高近 40%。Yousef 通过对保证 MOOC 课程设计质量的实证检验标准的研究,为 MOOC 平台确定了 74 个指标,并把它们划分为六大类,分别为教学设计、作业、用户界面、视频内容、社交工具及学习分析。Espada 通过使用 SortSite、aChecker 和 pingdom 等技术工具,在技术层面对 MOOC 平台(Coursera、edX、Miríadax、Udacity)进行分析,并指出平台体验是影响学习者满意度的一个重要因素。Conole 基于其"7c"学习设计框架,总结出开放性、规模化、多媒体、交流、协作、学习路径、质量保证、反思、认证、正式学习、自主性、多样性等 12 个影响 MOOC 质量的因素,为 MOOC 的设计与评估提供了重要参考。Creelman 认为,影响 MOOC 质量的因素很多,但最重要的是课程开始时需要提供给学习者必要的信息,包括课程内容、课程类型、教学方法、知识准备、学习时长、技术要求、教师角色、互动手段、课程级别、证书可获得性等。

目前，关于学生满意度指数模型的研究大多起源于美国顾客满意度指数（American customor satisfaction index，ACSI），这是目前使用最广泛的顾客满意度指数模型。英国开放大学在学生满意度方面做了较多的研究和实践。从 2005 年开始，英国开放大学对课程教学、评价与反馈、学术支持、组织管理、学习资源、个人发展和整体满意度 6 个方面进行了调查，具体满意度指标有 23 项。其中，课程教学维度有 4 项，主要调查学生对教师教学内容的态度、兴趣和热情；评价与反馈维度有 5 项，主要考察学生对教师学术评价与反馈质量的感知；学术支持维度有 3 项，主要考察学生对学习支持服务质量的感知；组织管理维度有 3 项，主要考察学生对课程组织与管理有效性的感知；学习资源维度有 3 项，主要考察学生对传统资源或数字资源的满意度；个人发展有维度 3 项，主要考察学生能力提高的效果；整体满意度维度有 2 项，主要考察学生对学校教学质量和服务的总体感知。

在国内，关于 MOOC 学习满意度分析的研究相对较少。李青等通过对国内外 8 个权威网络课程评价指标的分析，总结出一般在线课程的质量因子，结合 MOOC 的特殊性建立了适合 MOOC 的质量概念，以美国网络课程的质量规则为蓝本构建了 MOOC 质量模型，并结合国内外 MOOC 建设的案例和优秀实践，从媒体技术、课程内容、课程管理 3 个方面探讨了在实际工作中可以具体运用的质量措施。刘璐等对欧洲当前流行的 3 种 MOOC 教育质量评价方法（欧洲远程教育大学协会"开放教育质量标签"、西班牙"MOOC 教育质量综合评价指标体系"、德国"MOOC 设计质量保障标准"）进行了比较分析，并提出根据评价目的选择局部或整体性评价标准，评估方式突出了教师和学习者的评价主体地位，评估环节强化了质量控制。姚文建等基于"人的感知驱动人的行为"满意度构建原理，在文献分析、调查访谈和专家会议法基础上，形成了基于学生需求结构的满意度模型假设，并通过 Mplus 工具进行了模型检验和拟合评价，最终构建了基于需求结构的开放大学学生满意度因果关系模型，并计算出了各关键因素对满意度的影响程度及各变量之间的影响效应。

1.3.4 满意度指数研究综述

关于满意度指数的研究，最初起源于经济领域。满意度研究始于 20 世纪 60 年代，早期的研究大量摄取了社会学和心理学方面的理论，直到现在大部分研究仍然以认知理论为研究的基础。1965 年，Cardozo 最早提出顾客满意度的概念并将顾客满意度引入营销领域，从此顾客满意度问题就引起了学者们的极大兴趣。Harward（1969）、Olson 和 Dover（1976）及 Hempel（1977）对客户满意度进行了深入研究。通过对满意度形成及过程分析，他们研究了影响满意度的各种原因及这些因素影响顾客满意度的过程。

徐明等在欧美顾客满意度指数模型的基础上，提出了一种简化的能在不同的服务行业中广泛使用的比较服务质量的顾客满意度指数模型，并利用 SAS 软件中的 CALIS 程序对基于该模型的调查数据进行检验，计算出感知质量和感知价值（模型中的隐变量）与顾客满意度之间的路径系数。汪侠等在对现有国际主流顾客满意度指数模型进行改进的基础上，结合旅游景区的特点，构建了旅游景区顾客满意度指数（tourist attraction customer satisfaction index，TACSI）模型，该模型是一个具有因果关系的结构方程模型，包括 7 个潜变量和 23 个观测变量，各潜变量之间存在着 11 种正负相关关系。运用统计软件对桂林象山公园顾客满意度指数的实证研究表明，TACSI 模型的各项拟合指标均优于 ACSI 模型。乔均等以欧洲顾客满意度指数（European consumer satisfaction index，ECSI）和中国顾客满意度指数（China cunsumer satisfaction index，CCSI）客户忠诚度模型为基础，以商业银行个人客户忠诚度评价为研究对象，结合我国商业银行的特性对 ECSI 和 CCSI 客户忠诚度模型的指标做了修正，并首次在国内揭示了商业银行个人客户满意度指标之间的逻辑关系。对个人客户忠诚度作用机理的实证检验显示，评价商业银行个人客户忠诚度主要可以从客户满意度、关系信任度、转换成本及忠诚表现等方面进行。王凯等从游客期望、游客体验、游客评价、后旅游 4 个旅游活动阶段构建了文化创意型旅游地游客满意度指数测评模型，并对典型文化创意型旅游地——北京 798 艺术区进行实证分析，指出游客满意度指数最高的旅游因素和指标分别为旅游景观感知要素及文化创意景观，同时提出影响游客满意度的主要因素为内部驱动因素与外部驱动因素。王莉艳等借鉴 ACSI 模型，构建了远程教育用户满意度评价的模型结构、指标体系和测算方法。李莉等通过对美国客户满意度指数进行调整，提出了中国远程教育学习者满意度指数模型，并进行了实证分析。赵仕红等借鉴美国顾客满意度指数模型，结合游客休闲农业需求结构，构建了分析休闲农业游客满意度的测评模型，并利用江苏省南京市居民的调查数据，对休闲农业游客满意度进行了实证分析。

上述研究多以单一理论为基础，大多基于顾客满意度模型扩展而来，只关注了感知体验因素，虽然有不少学者开展了实证研究，但是仅停留在数据的分析与解读上，缺乏对模型的深度剖析。

1.3.5　已有研究评析

（1）研究内容相对单一

目前，关于满意度、课程满意度指数及 MOOC 课程质量的研究文献比较丰富，研究重点主要集中在学习过程中课程质量、满意感、行为意向，以及学习者参与等影响因素的单方面研究，而完整的基于学习过程和结果满意度模型、深入探讨各个因素与学习支持服务质量的内在关系及其对学习者满意度的影响的研究文献比较少。虽然关于直接研究 MOOC 和满意度的文献比较缺乏，但这些文献无论在研究方法上还是研究角度方面都对研究 MOOC 的满意度指数有重要的参考价值。

（2）研究方法以调查为主

从目前的研究现状可以发现，MOOC 学习满意度的研究实证性较强，大多是基于实证研究的方法论进行调查分析，关于学习满意度模型构建的系统理论则显得相对薄弱。大多数研究以顾客满意度理论为指导，更多的是对调查结果的直接分析或者对现实情境的描述，问题意识较强但缺少系统理论的指导及多学科视角的实证研究。

（3）应用研究较为薄弱

研究 MOOC 学习满意度指数模型的最终目标是服务教育教学。因此，应该将 MOOC 满意度研究与如何提高 MOOC 课程设计、开发质量，如何提高课程"黏度"、改善用户体验，以及如何将 MOOC 应用与推进高校教育教学改革、建设学习型社会的研究相结合。

1.4　研究思路与研究方法

1.4.1　研究思路

本研究试图厘清我国高校 MOOC 学习满意度指数模型的基本组成与内

部结构，分析影响高校 MOOC 学习满意度的因素，从而为改进 MOOC 学习过程、提高高校 MOOC 学习满意度与 MOOC 学习质量提出建议。

第一，本研究在梳理和界定高校 MOOC 学习满意度内涵的基础上，对国内外已有的相关研究成果进行综述，通过梳理国内外研究现状及已形成的研究报告，结合学习满意度理论，界定出高校 MOOC 学习满意度的基本内涵，建立 MOOC 学习满意度指数假设模型。

第二，通过理论积累、文献查新、预调查论证及多次与高校 MOOC 运行相关主体的沟通、互动，逐步明确满意度的调查设计和分析框架的搭建，结合学习者在线学习的大数据分析，围绕高校学习者 MOOC 学习这个关键环节，构建出适切、有效的研究方案。通过实证调查法获取本研究所需的实证数据，并运用统计方法对调查所得数据进行深入分析，利用结构方程模型构建 MOOC 学习满意度指数模型，根据模型及数据分析的结果，清晰呈现我国高校 MOOC 学习满意度的结构、满意程度及各要素、各因子的重要性程度。

第三，应用质性研究方法进一步验证实证研究结论，探寻原因，加深对高校 MOOC 学习满意度形成的背后驱动因素认识，并试图对 MOOC 学习满意度指数模型作深入解读。

第四，利用学习分析技术，探究不同 MOOC 学习满意度学习者的行为特征差异，探索学习满意度动态构建方法。

第五，通过对信息技术与高等教育改革关系的讨论，认清信息技术在教育教学改革中所处的地位，为提升我国高校 MOOC 学习满意度，以及探寻 MOOC 服务于教学改革、学习型社会构建新途径提出相应的对策和建议。

根据上述研究思路，本书的研究框架如图 1-4 所示。

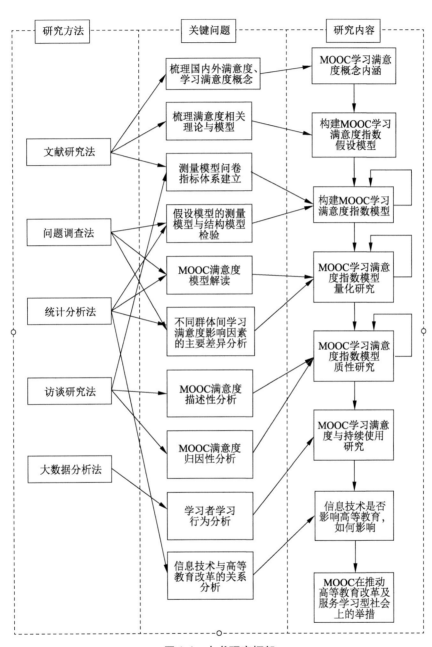

图 1-4 本书研究框架

1.4.2　研究方法

本研究主要采用文献研究法、问卷调查法、统计分析法、访谈研究法及大数据分析法。

（1）文献研究法

文献研究法主要用于学习满意度概念的梳理、已有相关研究的梳理及高校 MOOC 学习满意度相关理论的梳理。不同学者对 MOOC 学习满意度概念的界定各不相同，各项研究所认定的研究基础也不相同。因此，本研究主要使用文献研究法对相关概念进行梳理，对中外高校 MOOC 学习满意度的研究状况及与学习满意度相关的理论进行整理与评述。

（2）问卷调查法

问卷调查是本研究中的一个重要方法，它是获取高校学习者 MOOC 学习满意度主观数据的有力方式。本研究力图呈现高校 MOOC 学习满意度的真实状态，并且呈现不同类型学习者学习满意度的差异。因此，必须采用问卷调查的方式，以获取真实的第一手数据。

（3）统计分析法

在收集相关数据后，本研究将采用 PLS 结构方程模型对数据进行处理，通过结构方程模型验证假设模型的测量模型及结构模型，构建 MOOC 学习满意度指数模型。

（4）访谈研究法

除了应用量化分析方法来分析 MOOC 学习满意度的基本状态、结构及影响因素之外，本研究还将以访谈法等质性研究方法为支撑。质性访谈用于验证量化分析方法所得出的相关研究结论，通过质性研究来加深人们对学习满意度相关研究结论的理解和认识。同时，实施访谈也是试图通过质性实证研究方法追根溯源，探究结果背后的关键原因。

（5）大数据分析法

基于大数据技术对学习者学习行为进行深入分析，探究持续使用行为的影响因素，探索构建学习满意度动态评估模型。通过对不同行为特征的分析，精准识别不同类型的学习者，并对不同类型学习者的学习行为进行干预（精准学习资源推荐、师生互动反馈、动态提醒），以满足其能力需要、自主需要及关系的需要，最终达到提高 MOOC 学习满意度和课程完成率的目的。

1.5 研究内容

第 1 章 简要说明本书的研究背景、研究意义、研究现状、研究目的、研究内容、研究思路、研究方法及主要工作和创新点。

第 2 章 梳理满意度、学习满意度概念，提出 MOOC 满意度的概念，利用文献分析法总结目前比较流行的满意度测量模型。

第 3 章 梳理每个理论中提出的影响满意度指数的指标，总结出 MOOC 满意度模型潜变量，并以文献为依据提出假设，构建 MOOC 满意度指数假设模型，同时对 MOOC 满意度指数假设模型中的测量模型进行信效度分析。

第 4 章 利用正式调查结构模型中的每条假设进行显著性检验，最终形成 MOOC 学习满意度指数模型并对模型进行分析解读，通过多组分析研究不同群体间学习满意度影响因素的主要差别。

第 5 章 用质性研究方法对 MOOC 满意度进行描述性与归因性研究，从访谈的结果中总结出形成学习满意度的特点，从不同性别、不同专业等方面对不同群体学习满意度形成差异做归因性分析，最后从访谈中提炼出提升 MOOC 学习满意度的方法。

第 6 章 进一步利用基于大数据的学习分析技术对 MOOC 的持续使用进行研究，探索学习满意度与持续使用之间的联系，以期通过满意度研究反推学习满意度不同的学习者其行为有何不同，并为如何提高学习者 MOOC 的持续使用提出建议。

第 7 章 对研究结果进行综合分析并展开深度讨论，得出课程质量是 MOOC 学习者学习满意度的核心诉求，通过对信息技术与高等教育改革的关系研究，讨论技术支持的学习理论变革及 MOOC 支持下的高等教育教学改革路径。

第 8 章 对如何积极推进 MOOC 课程改革积极服务高校教育教学，如何全面推进 MOOC 应用推广加快建设学习型社会给出相关的建议，并对未来的研究做出展望。

1.6 研究的创新点与不足

1.6.1 研究的创新点

与现有研究成果相比，本研究的创新点主要体现在以下几个方面：

① 利用 PLS 结构方程模型构建 MOOC 学习满意度指数模型，并探寻影响因素之间的关系。

② 综合使用传统量化研究方法、质性研究方法、基于大数据的分析方法对 MOOC 学习满意度模型进行全面验证和深度解析。

③ 通过学习满意度指数模型，初探基于学习行为分析的动态学习满意度研究方法。

④ 对信息技术与高等教育变革关系进行分析，提出信息技术的进步通过中介（先进的教育思想）间接影响高等教育教学改革，具有缓动性和滞后性。

⑤ 为大力推进 MOOC 课程改革、提升高校教育教学水平、加快建立学习型社会提供一些建议。

1.6.2 研究的不足

（1）模型验证样本代表性存在局限

① 课程选择的局限性。

本研究以"好大学在线"MOOC 学习平台课程 T 为研究课程，该课程自 2014 年首次开课至 2018 年 7 月共开课 16 次。本研究选取了所有参加本课程学习的学习者（共 29957 名）作为样本进行研究。虽然在课程的选取上避免了使用专业课程，但样本中的学习者只选择了一门课，存在一定的样本选择代表性不足的局限。

② 平台选择的局限性。

不同 MOOC 平台对学习者记录的数据会有较大差异。本研究选取的研究平台为好大学在线，虽然好大学在线是国内优秀的 MOOC 平台，但由于其以教学功能为主，而非以研究为目的，因此对学习者学习行为数据的记录不够全面，如学习者观看视频时在哪里暂停了、暂停了多长时间，这些能反映学习者学习状态的数据相对比较缺乏。

（2）MOOC 访谈样本数量存在局限

由于时间关系及 MOOC 学习者分布较广，本次访谈只选取了 19 位访谈者，其中只有 8 人为电话访谈或面谈，其余 11 人均为网络访谈。虽然考虑到样本在学校、性别、年级、学科及选课特征上的差异，但还是存在样本量不足的局限。

（3）MOOC 学习满意度访谈对象存在局限

现有访谈对象全部来自学习者群体，访谈对象中没有包括和 MOOC 学习相关的其他群体，如课程教师、教务员、教学院长、教务处长，虽然研究的是学习者满意度，但也应该听听其他群体对学习者满意度研究的意见和建议。

第 2 章　基本概念与理论基础

2.1　核心概念界定

学习满意度是本研究的核心概念，也是本研究的主题。学习满意度并不是"学"和"满意"两个字的简单叠加，而是一个内涵深刻的概念。目前，国内外学者从不同的角度对其进行了界定和解释。学习满意度研究是一项跨学科的研究，不同学科的学者从不同的学科背景出发，或者以不同的学科为切入点来解读学习满意度。因此，本研究在梳理词源学和管理学对满意度概念定义的基础上，以高等教育为学科基础和研究范围，基于国内外主要学者的研究成果对学习满意度概念进行了界定，最终形成了学习满意度的概念定义。

2.1.1　满意度

在 MOOC 学习满意度的研究中，最基本的概念是"满意度"。对这一概念的理解和定义是研究 MOOC 学习满意度的基础。由于 MOOC 学习满意度的研究涉及学习过程的多个方面，因此对学习满意度的理解应该基于对"满意度"的清晰认识，从对"满意"的理解出发，深入对"满意度"的理解。从目前学术界的研究过程来看，关于"满意"的观点是多种多样的。一般认为，"满意"反映了一种状态，而"满意度"是对这种状态的度量。本研究倾向于从"满意"概念的学科背景出发，对"满意"在词源、管理学、教育学等方面的定义进行梳理，最终确定本研究中"满意"概念的内涵。

（1）"满意"的词源学释义

本研究尝试从《辞海》《现代汉语词典》《新华字典》《中国大百科全书》等参考书中获取对"满意度"的解释，经查阅这些工具书中都没有直接的解释。因此，本研究只能从中查找关于"满意"的解释，试图从基本概念追溯，来获得对满意度的解释，从而最终确定本研究的核心概念。

《辞海》中将"满意"解释为"合意、快意"；《现代汉语词典》中将"满意"定义为"满足自己的愿望，符合自己的心意"，是一种心理状态的表征；《新华字典》中对"满意"的解释是"满足自己的愿望"。从以上工具书的解释中不难看出，从词源学的角度来看，"满意"一词的解释简单而直接："满意"是一种状态的表征，它被认为是一种主观的心理状态，反映了事实与意愿、事后与期望之间的差距。因此，满意度是这种心理状态的数值化的度量，即表征事实对于期望的满足程度。

（2）"满意度"在管理学中的发展演变

满意作为一个成熟的概念，来自管理学，是质量管理的重要组成部分。管理学中满意度主要指顾客满意度。在现代管理词典中，对满意的解释是确定顾客的投入、期望和满意度指数，目的是了解顾客的需求得到了多少满足。顾客可以通过"满意"或"不满意"来给出与顾客满意相关的满意程度。客户满意度包括高于或低于预期价值水平。顾客满意是一种心理体验，是一个不断变化的目标，反映了事件后的经验和之前的期望之间的相对关系。

（3）"满意度"在高等教育中的运用

由于本研究的主题是高校 MOOC 学习满意度，因此将其归结为高等教育研究这一范畴。学习者满意度调查始于美国，1966 年美国教育委员会使用 CIRP（cooperative institutional research program，合作机构研究项目）测量入学新生的满意度。对学习者满意度的研究和测评已经植根于教育学，并且从两个不同的方向在教育领域得到继续发扬。

从高等教育的角度来看，满意度是学习者心理层面的一种体验，满意度可以定义为学习者对在校学习、生活等方面的看法，是根据自己的内部标准对所接受的教育活动进行评价的心理体验。

2.1.2 学习满意度

学习满意度被认为是一种情感，它是一种高级的情感复合体，由人们在学习时所感受到的快乐程度来定义，学生通常用实现的两个目标（参加学习过程及学习成果）来确定学习的满意程度，即个人的期望和实际经验之间的一致性。当真实体验符合或优于期望时，个体感到满足；当真实体验在期望之下时，则感到不满足。满意度被视为伴随着内在动机行为的"自发体验"。

在顾客满意度的理论背景下，随着理论认识的加深和实践取得的进展，学习满意度更多地被界定为学习者对高等教育过程和质量的感知，这是将高等教育视作服务的一项进步，意味着学习满意度不仅仅是一个评价结果，更重要的是体现为一种感知过程。学习满意度作为一种心理感受出现，是学习者接受教育服务的实际感受与其期望值相比较的程度，体现"学习者的教育期望已经被高等教育通过教育服务活动所满足的一种心理感觉和状态"，这种程序化、过程化的内涵界定成为继续深入研究学习满意度、提升高等教育服务质量的基础。当然，这种界定方式也强调学习满意度是一种心理感受，是高校学习者接受学校服务，并将收获跟自己期望进行比较的过程中产生的高兴、愉悦或是失望的心理感受，将满意和不满意纳入考虑范畴。学习满意度是基于高校学习者期望的质量感知，是质量的表现，是服务质量与产品质量的辩证统一。因此，以质量感知为落脚点，将高校学习者作为消费者引入顾客感知、顾客期望、顾客忠诚度等概念进行高校顾客满意度研究，从而提供一个从高校学习者满意度角度评估高等教育服务质量的有效途径。

2.1.3 MOOC 学习满意度

在前述诸多界定方式中，本研究更倾向于将 MOOC 学习满意度与MOOC 参与、体验相关联，从期望与感知形成差距的角度形成本研究对MOOC 学习满意度的界定。因此，本研究认为 MOOC 学习满意度是高校学习者体验 MOOC 课程之后所呈现出的心理状态，来源于对课程期望、过程和结果之间的相对关系，体现为一种价值判断。

2.2 满意度测量

2.2.1 RATER 指数

RATER 指数是全美最权威的客户服务研究机构——美国论坛公司投入数百名调查研究人员用近 10 年的时间，对全美 14 个行业的近万名客户服务人员和这些行业的客户进行细致深入的调查研究后总结出来的。客户对企业的满意程度直接取决于 RATER 指数的高低。

RATER 指数可以有效地衡量客户服务质量。RATER 是 5 个英文单词的缩写，分别代表 reliability（信赖度）、assurance（专业度）、tangibles（有形度）、empathy（同理度）、responsiveness（反应度）。

① reliability（信赖度）：一个企业是否能够始终如一地履行自己对客户所做出的承诺。

② assurance（专业度）：企业的服务人员所具备的专业知识、技能和职业素质。

③ tangibles（有形度）：有形的服务设施、环境、服务人员的仪表，以及服务对客户的帮助和关怀的有形表现。

④ empathy（同理度）：服务人员能够随时设身处地地为客户着想，真正地同情理解客户的处境，了解客户的需求。

⑤ responsiveness（反应度）：服务人员对于客户的需求给予及时回应并能迅速提供服务的愿望。

2.2.2　顾客满意度指数模型

目前世界上许多国家在不同领域使用各种测量模型来评估用户满意度指数。其中，具有代表性的测量模型包括瑞典顾客满意度指数（Sweden customer satisfaction barometer，SCSB）模型、美国顾客满意度指数（ACSI）模型和欧洲顾客满意度指数（ECSI）模型。在这些模型的基础上，中国构建了中国顾客满意度指数（CCSI）模型。

（1）瑞典顾客满意度指数模型

瑞典是世界上第一个开始在国家层面衡量用户满意度指数的国家，该国的客户满意度测量模型是各个国家和地区后续测量模型的基础。瑞典顾客满意度指数模型包含 5 个结构变量，分别是预期质量（expectation）、感知价值（perceived performance）、满意度（satisfaction）、用户抱怨（customer complaint）和用户忠诚度（customer loyalty），如图 2-1 所示。其中，预期质量是外生变量，感知价值、满意度、用户抱怨和用户忠诚度是内生变量。

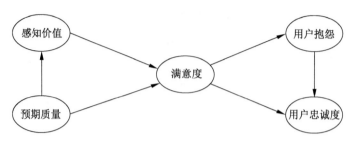

图 2-1　瑞典顾客满意度指数模型

预期质量：顾客购买产品或服务之前对产品或服务质量的估计。它是顾客将过去的消费经验与主动收集到的产品信息结合起来形成的。通常取决于用户过去的购买和使用体验。

感知价值：顾客购买、使用或消费产品、服务后对其价值（或性价比）的感知和判断。这取决于产品的质量和价格。

满意度：顾客在购买或使用产品或服务后对产品或服务的综合感受和评价。

用户抱怨：反映用户在遇到问题或对产品、服务不满时的行为。当不满意程度很高或产品出现故障时，用户可以向公司或中介投诉，并要求一定的赔偿。如果公司正确对待并认真解决了用户遇到的问题，公司可以改变用户的态度。

用户忠诚度：反映顾客未来购买的趋势。如果顾客对某一产品或服务感到满意，就会产生一定程度的用户忠诚度，并重复购买该公司的产品或服务；否则，用户就会转向其他公司的产品或服务。

（2）美国顾客满意度指数模型

美国顾客满意度指数（ACSI）模型与瑞典顾客满意度指数（SCSB）模型非常相似，应该说 SCSB 模型是 ACSI 模型的原型。两者之间的区别在于，ACSI 模型添加了 1 个结构变量——感知质量，将结构变量的数量从 5 个增加到 6 个，分别是预期质量、感知质量、感知价值、满意度、用户抱怨和用户忠诚度，如图 2-2 所示。其中，预期质量为外生变量，其余 5 个结构变量为内生变量。

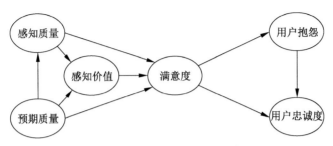

图 2-2　美国顾客满意度指数模型

感知质量：感知质量是总体客户满意度的主要决定因素，是市场对近期用户体验的评价，对整体顾客满意度有直接的正向影响。

感知价值：顾客购买、使用或消费产品、服务后对其价值（或性价比）的感知和判断。这取决于产品的质量和价格。感知价值对应两个观察变量：一是给定价格条件下对质量的感受；二是给定质量条件对价格的感受。

1998 年，美国修订了顾客满意度指数模型。在测量耐用品时，将原始模型中的感知质量分解为产品感知质量和服务感知质量两部分，这样就得到了耐用品满意度测量模型，如图 2-3 所示。

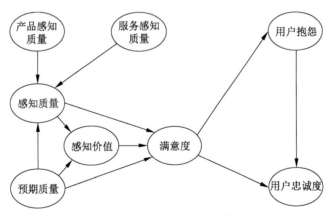

图 2-3　耐用品满意度测量模型

（3）欧洲顾客满意度指数模型

欧洲在美国顾客满意度指数（ACSI）模型的基础上，开发了一个欧洲顾客满意度指数（ECSI）模型，如图 2-4 所示。与 ACSI 模型相比，ECSI 模型增加了 1 个结构变量——形象，删除了 1 个结构变量——用户抱怨（抱怨处理对顾客满意度或者顾客忠诚度均没有显著的影响），将原始模型中的感知质量分解为感知硬件质量（感知质量 1）和感知软件质量（感知质量 2）两部分。对于看得见摸得着的有形产品而言，感知到的硬件质量是实体产品本身的质量，感知到的软件质量是产品售后的服务质量。对于服务产品而言，感知到的硬件质量是服务属性的质量，感知到的软件质量是服务过程中服务提供者与顾客互动的相关因素，如服务过程中的行为、语言、态度及服务环境等。

形象：它指的是在顾客的记忆中与组织之间的关联，这些联系会影响顾客的期望和满意度。预测顾客行为的态度和行为意向在功能上是相关的，因此，形象作为一种态度也会影响用户忠诚度，属于行为意向。

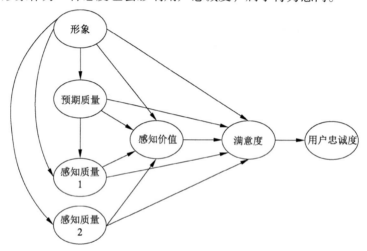

图 2-4　欧洲顾客满意度指数模型

（4）中国顾客满意度指数模型

中国顾客满意度指数（CCSI）测评体系的建立起步较晚。直到 1997 年，中国质量协会和国家用户委员会才开始推动 CCSI 系统研究，并联合北京大学、中国人民大学、清华大学和中国社会科学院等国内顶尖院校与科研机构共同攻关，设计了适合中国国情的顾客满意度指数模型。1999 年 12 月，国务院发布《关于进一步加强产品质量工作若干问题的规定》，明确提出要研究探索顾客满意指数评价方法。

CCSI 模型是基于美国用户满意度指数研究方法，根据中国国情和特点建立的具有中国特色的质量测评方法，如图 2-5 所示。

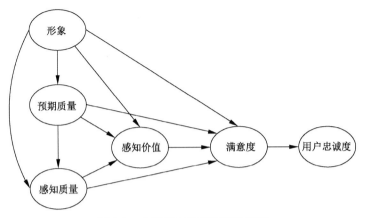

图 2-5　中国顾客满意度指数模型

（5）国外顾客满意度指数模型比较分析

通过对不同国家和地区顾客满意度指数模型的比较，可以发现它们非常相似，只是模型中变量之间的关系稍有不同，但随着时间的推移，都是朝着结构变量和观测变量越来越多、相互之间的关系越来越复杂这个趋势发展的。

根据客户服务的满意度理论，顾客的满意度与顾客对服务的期望值是紧密相连的，与客户服务的 RATER 指数是直接相关的。在线学习也是一种产品服务，MOOC 课程的组织和实施者需要站在学习者的角度不断地通过服务质量的五大要素（信赖度、专业度、有形度、同理度、反应度）来衡量自己所提供的学习服务，只有 MOOC 课程所提供的服务超出学习者的期望值，学习者才能满意。

2.3　理论基础

2.3.1　自我效能感

20 世纪 70 年代，美国斯坦福大学心理学家阿尔伯特·班杜拉（Albert Bandura）首次提出"自我效能（self-efficacy）"的概念，这一概念在 20 世纪末成为教育界的一个关键理念。自我效能感是指一个人在特定情况下从事某种行为并取得预期结果的能力，主要指个人对自我相关能力的感受。自我效能感对个体的影响主要体现在行为选择、动机努力、认知过程和情感过程 4 个方面。学习自我效能感是指学习者对自己是否有能力完成学习任务的自信心评价，即个体对自身学习行为和学习能力的主观判断。目前，在线学习发展迅速，国外许多高校采用 MOOC 课程来进行翻转课堂的教学实践，一些 20~40 岁已经本科毕业的在职人员则采用在线学习的方式增加专业技能，为职业升级、跳槽、创业打下基础。与集中面授学习相比，MOOC 课程的优势在于能同时容纳大规模的学习者进行在线学习，不受时间、地点约束；缺点是课程开展过程中师生、生生互动性差，学习形式相对比较单调。因此，提升参与 MOOC 课程学习的学习者的自我效能感，激发和强化学习者的学习动机，是提高 MOOC 学习效果、提升 MOOC 课程学习满意度的关键因素。

一般而言，自我效能感会随着成功体验的增加而不断提高，多次失败的体验则会降低人的自我效能感。有研究发现，稳定的自我效能感来源于个人持续不断的成功，这种效能感往往具有一定的持续性与泛化能力，其不会因一时的挫折而降低，而且容易迁移到其他类似情境中去。因此，本研究需要研究自我效能感与 MOOC 课程学习满意度之间的联系与影响。

2.3.2　自我决定论

20 世纪 80 年代，美国心理学家 Deci 和 Ryan 提出了自我决定论（self-determination theory，SDT）。他们认为，在充分了解个人需求和环境信息的基础上，个体可以自由选择其行为，强调了自我在动机过程中的能动作用。自我决定将人类行为分为自我决定的行为和非自我决定的行为，认为驱力、内在需要和情绪是自我决定行为的动机来源。

自我决定论将动机按自我决定程度的高低视作一个连续体，其基础是有机辩证元理论，认为社会环境可以通过支持自主、胜任、关系三种基本心理需要的满足来增强人类的内部动机、促进外部动机的内化、保证人类健康成长。

MOOC 学习是一种自我决定行为，自我决定行为基于学习者对自身学习需求的认识，并且选择参加课程学习。根据自我决定论，当一个人能自由选择，且选择依据来自自身内部需要而不是完成某个外部目的时，同样的活动更可能被激发或更快乐，因而会有更高的满意度。

2.3.3　期望确认理论

1980 年，Oliver 提出期望确认理论（expectation confirmation theory，

ECT），通常应用于消费者行为文献中，主要研究消费者满意度、购买后行为（如顾客满意、用户抱怨）和一般服务营销。这一理论的预测能力已经在广泛的产品和服务环境中得到了证明，包括汽车、摄影服务、餐馆服务和商业专业服务等。

消费者在一个框架内达成意愿的过程如下：① 消费者形成了购买前对特定产品或服务的期望；② 消费者接受并使用该产品或服务，经过一段时期的初始消费后，他们形成了对它的看法（感知有用）；③ 消费者评估后期的表现与他们最初的期望，并估算他们的期望在多大程度上得到了证实；④ 基于消费者的确认级别和预期形成满足感；⑤ 满意的消费者形成了回购意向。其模型如图 2-6 所示。

图 2-6 期望确认模型

2.3.4 技术接受模型

1989 年，Davis 运用理性行为理论研究用户对信息系统接受时提出技术接受模型（technology acceptance model，TAM），并将其用于解释说明计算机被用户广泛接受的决定性因素。

作为一种信息系统理论，TAM 解释了用户如何接受新技术系统的过程。TAM 中的外部变量，如系统设计特征和计算机自我效能，会影响用户感知到的有用性和易用性，从而影响用户使用技术的行为意图和态度，这个过程最终会影响技术的实际使用。在使用技术的教育环境中，感知易用是指学习者认为使用该技术不需要付出很大努力的程度；感知有用是指学习者认为使用该技术可以提高自己的学习成绩；使用技术的态度是感知有用和感知易用的中介变量，影响着用户使用系统的行为意向。技术接受模型如图 2-7 所示。

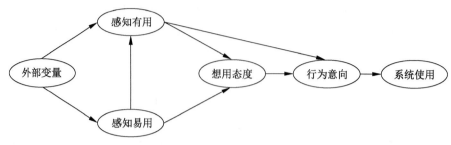

图 2-7 技术接受模型

2.3.5 信息系统持续使用模型

2001 年，Bhattacherjee 基于技术接受模型和期望确认理论提出信息系统持续使用模型（expectation confirmation model for information systems continuance，ECM-ISC），并将其应用到用户对电子银行持续使用行为的实证研究中。研究表明，期望确认正向影响感知有用，感知有用和期望确认正向影响满意度，并进一步影响信息系统（information systems，IS）持续使用意愿；同时，感知有用也直接影响用户的 IS 持续使用意愿。信息系统持续使用模型如图 2-8 所示。

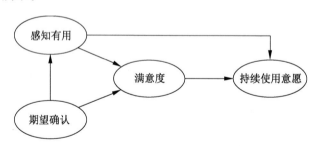

图 2-8 信息系统持续使用模型

2007 年，Limayem 等在 ECM-ISC 的基础上将因变量由原来的持续使用意愿扩展至持续使用行为。2008 年，Bhattacherjee 等基于这项研究对 ECM-ISC 初始模型进行扩展，引入 IT 自我效能和便利条件等变量，删除感知有用对满意度的直接作用，由此得到了扩展的持续使用理论模型（extened expectation confirmation model，EECM）。扩展的持续使用理论模型如图 2-9 所示。

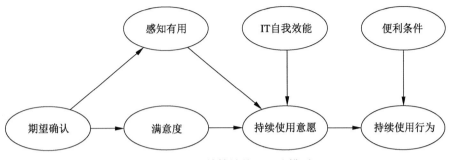

图 2-9　扩展的持续使用理论模型

2.4　本章小结

　　本章通过对满意度、学习满意度概念的梳理与分析，提出了 MOOC 满意度的概念，并借助文献分析法总结了目前比较流行的满意度测量模型：RATER 指数与顾客满意度指数模型。在分析顾客满意度指数模型的过程中，详细追踪了顾客满意度指数模型的发展与演变，并对各国的顾客满意度指数模型进行了比较与分析，形成了 MOOC 满意度指数模型的构建理论依据。由于 MOOC 满意度测量的是一种技术背景下的学习满意度，因此本章又详细介绍了研究 MOOC 满意度所需的相关理论，包括自我效能感、自我决定论、技术接受模型、信息系统持续使用模型等。

第 3 章　MOOC 学习满意度指数模型构建研究

本章在分析 MOOC 学习满意度测量理论模型中各因素的含义及其相互关系的基础上，以文献为依据提出假设，提出 MOOC 满意度模型潜变量，构建 MOOC 满意度指数假设模型。通过预调查对学习者 MOOC 学习满意度的影响因素进行分析，并对 MOOC 满意度指数假设模型中的测量模型进行信效度分析。

3.1　结构方程模型

一个多世纪以来，统计分析一直是社会科学研究者必不可少的工具。随着计算机硬件和软件的出现，统计方法的应用急剧扩大，特别是在最近几年，由于技术进步和越来越友好的用户界面，使得研究人员可以更广泛地使用各种研究方法。研究人员最初仅依靠单变量和双变量分析来理解数据和关系，但为了理解与当前社会科学学科研究方向相关的更复杂的关系，越来越需要应用更复杂的多元数据分析方法。

多元分析涉及同时分析多个变量的统计方法的应用。变量通常表示与个人、公司、事件、活动、情况等相关的度量。这些测量通常来自用于收集初级数据的调查或观测，但也可以从由次级数据组成的数据库中获得。

社会科学家经常使用的统计方法通常被称为第一代技术。第一代技术包括多元回归、Logistic 回归、方差分析等基于回归的方法，也包括探索性和验证性因素分析、聚类分析和多维尺度分析等技术。当应用于研究问题时，这些方法被既可以用来确认先验建立的理论，也可以用来识别数据模式和关系。具体来说，在检验现有理论和概念的假设时它们是验证性分析，而在数据中探索概念模式时则采用的是探索性分析，对于变量是如何关联的，没有或只有很少的先验知识。

重要的是，验证性和探索性的区别并不总是像看上去那么清晰。例如，在进行回归分析时，研究人员通常根据先验建立的理论和概念选择因变量和自变量，回归分析的目的是检验这些理论和概念。然而，这项技术也可以用来探索额外的自变量对扩展被测试的概念是否有价值。这些发现通常首先关注哪些自变量在统计学上是单因变量（更具证实性的）的显著预测因素，其次是相对来说，哪些自变量是更好的因变量预测因素（更具探索性的）。与此类似，当探索性因素分析应用于数据集时，运用该方法搜索变量之间的关系，以便将大量变量减少为较小的组合因素集（即变量组合）。最后一组复合因素是探索数据中的关系并报告发现的关系（如果有的话）的结果。然而，尽管这项技术在性质上是探索性的，但研究人员往往具有先验知识，可以指导他们决定从数据中提取多少综合因素。相反，验证性因素分析只允许检验和证实一个先验决定因素及其指定的指标。

虽然第一代技术已被社会科学研究者广泛应用，但由于其存在的种种弊端，在过去的 20 年中，越来越多的研究者纷纷转向第二代技术，这些方法被称为结构方程建模。

结构方程模型（structural equation modeling，SEM）是一种建立、估计和检验因果关系模型的方法，模型中既可能包含可观测的显变量（也称外显指标或观测变量），也可能包含无法直接观测的潜变量（也称结构变量）。结构方程模型是社会科学研究中一个比较常用也非常好用的方法。20 世纪 80 年代，SEM 在国际上就已经达到了成熟水平，但是并没有在国内得到关注和广泛应用。

传统的统计方法并不能处理由多个原因引发多个结果的多因果之间的相互关系研究，而这种问题恰恰是社会科学研究领域中经常遇到的，有时甚至还会遇到潜变量，这些都给传统的统计方法带来了挑战。而 SEM 弥补了传统统计方法的不足，它是一种基于变量的协方差来分析变量之间关系的统计方法，是分析多元数据的重要工具，在社会学、教育学、心理学等领域的应用十分广泛。

3.1.1　测量模型与结构模型

潜变量是指在社会、教育、心理研究中都涉及，但不能被准确、直接地测量的变量，在结构方程模型中被称为结构变量，如智力、学习动机、家庭社会经济地位等。在这种情况下，通常用一些外显指标（观测变量）去间接测量这些潜变量（结构变量）。例如，以学习者父母教育程度、父母职业及其收入（共6个外显指标）为学习者家庭社会经济地位（潜变量）的指标，以学习者语文、数学、英语三科成绩（外显指标）为学习者学业成就（潜变量）的指标。一般的结构方程模型由测量模型和结构模型两部分组成。测量模型描述了潜变量（结构变量）与外显指标（观测变量）之间的关系，如个人年收入与社会地位等指标之间的关系。结构模型描述了潜变量（结构变量）之间的关系，如顾客满意度和忠诚度之间的关系。

观测变量可分为内生观测变量（内生潜变量的观测变量）和外生观测变量（外生潜变量的观测变量）。潜变量可分为内生潜变量（潜变量作为内生变量）和外生潜变量（潜变量作为外生变量）。其中，内生变量是指模型中总会受到任何一个其他变量影响的变量（因变量），外生变量是指模型中不受任何其他变量影响但会影响其他变量的变量（自变量）。

观测变量含有随机误差和系统误差，但潜变量（结构变量）则不含这些误差。

（1）测量模型

测量模型可写为如下测量方程：

$$\boldsymbol{x} = \wedge_x \boldsymbol{\xi} + \boldsymbol{\delta}, \ \boldsymbol{y} = \wedge_y \boldsymbol{\eta} + \boldsymbol{\varepsilon} \tag{2.1}$$

式中：$\boldsymbol{x}$ 为由外生观测变量组成的向量；$\boldsymbol{y}$ 为由内生观测变量组成的向量；$\wedge_x$ 表示外生观测变量与外生潜变量之间的关系，是外生观测变量在外生潜变量上的因子载荷矩阵；$\wedge_y$ 表示内生观测变量与内生潜变量之间的关系，是内生观测变量在内生潜变量上的因子载荷矩阵；$\boldsymbol{\delta}$ 为外生观测变量 $\boldsymbol{x}$ 的误差项组成的向量；$\boldsymbol{\varepsilon}$ 是内生观测变量 $\boldsymbol{y}$ 的误差项组成的向量；$\boldsymbol{\eta}$ 为内生潜变量组成的向量；$\boldsymbol{\xi}$ 为外生潜变量组成的向量。

（2）结构模型

结构模型可写为如下结构方程：

$$\boldsymbol{\eta} = \boldsymbol{B}\boldsymbol{\eta} + \boldsymbol{\Gamma}\boldsymbol{\xi} + \boldsymbol{\zeta} \tag{2.2}$$

式中：$\boldsymbol{\eta}$ 为内生潜变量组成的向量；$\boldsymbol{\xi}$ 为外生潜变量组成的向量；$\boldsymbol{B}$ 是由内生潜变量之间的回归系数组成的矩阵；$\boldsymbol{\Gamma}$ 是由外生潜变量对内生潜变量的回归系数组成的矩阵；$\boldsymbol{\zeta}$ 为结构方程的残差项组成的向量，反映了 $\boldsymbol{\eta}$ 在方程中未能被解释的部分。

3.1.2 结构方程模型的分类

结构方程模型用于分析观测变量和潜变量（结构变量）之间复杂的相

互关系，分为基于协方差的结构方程模型（covariance based structural equation modeling，CB-SEM）和偏最小二乘结构方程模型（partial least squares structural equation modeling，PLS-SEM）。

Joreskog 等提出了基于协方差结构的线性结构关系分析（linear structural relationship，LISREL）。LISREL 方法的建模原理是以协方差为基础，基本思路是最小化样本方差矩阵与理论模型间的协方差矩阵之间的差异，建模目的是追求最优的参数，保证参数估计的精确度。但 LISREL 方法要求观测值服从多元正态分布，而且要求观测值之间相互独立。基于协方差的结构方程模型主要用于证实（或拒绝）理论（多变量之间的一组系统关系，可通过经验检验）。

Wold Herman 创立了偏最小二乘（partial least squares，PLS）路径建模方法。PLS 方法的建模原理是以方差为基础，寻求所有残差方差条件最小来构建模型。PLS 是一种新型的多元统计分析技术，其建模方法对于观测变量的分布、残差和参数没有严格的假设限制，适用于数据有偏分布的情况，不需要对数据进行严格假定（如多元正态分布、同方差性等）；而且 PLS 是一种有限信息估计方法，所需要的样本量比完全信息估计方法 LISREL 小得多。因此，PLS 更适用于小样本研究。Chin 和 Newsted 使用 PLS 结构方程模型分析少量样本的研究证明样本的大小可以小至 50。基于以往的研究分析，关于满意度的数据分布常常为非正态分布，且样本数量也不确定，用 PLS-SEM 建模更具有科学性和可操作性。相比之下，PLS-SEM 主要用于探索性研究的理论发展，它是通过在检查模型时着重解释因变量中的方差来做到这一点的。

3.1.3　结构方程模型分析流程

在实际研究中，应根据具体研究问题建立概念模型，然后通过数据采集对模型进行拟合。当模型拟合效果不佳或无法通过测试时，可能出现的情况是模型设置不准确，需要对模型进行修正。结构方程模型的分析过程如图 3-1 所示。

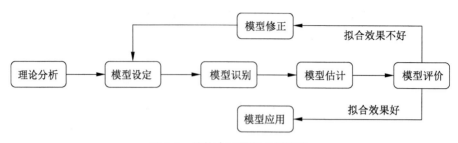

图 3-1　结构方程模型分析流程

理论分析：这是建立结构方程模型的第一步。梳理现有相关理论，形成假设。

模型设定：所构建的模型与变量之间的关系可以通过路径映射清晰地描述出来。

模型识别：模型中每一个未知参数都可以通过观测数据来求解，或者在建模过程中有足够的方程来保证每一个参数的求解。

模型估计：这是求解模型各种参数的过程。结构方程模型参数估计方法的基本原理是使样本协方差估计与模型拟合协方差值之差最小。常用的估计方法有最大似然估计法（maximum likeli-hood estimation，MLE）和偏最小二乘法。

模型评价：模型重构的协方差矩阵与样本协方差矩阵非常接近时，残差矩阵接近于 0，可以认为模型达到了令人满意的拟合。

3.2　影响 MOOC 学习满意度的关键因素分析

3.2.1　MOOC 学习满意度潜变量分析

在统计学中，潜变量与观测变量相对，是指不可直接观测的随机变量，潜变量可以通过数学模型依据观测的数据推断出来。有些情况下，潜变量和现实中的一些因素是有关系的，测量这些变量理论上可行，实际上却很困难。

（1）期望与满意度的关系

期望确认理论（ECT）是研究消费者满意度研究的基本理论，主要概念为消费者是以购前期望（expectation）与购后绩效（perceived performance）

表现的比较结果（confirmation），判断是否对产品或服务满意（satisfaction），而满意度成为下次再次购买或使用（repurchase intention）的参考。

（2）感知有用、感知易用与满意度的关系

技术接受模型是 Davis 运用理性行为理论研究用户对信息系统接受时所提出的一个模型。技术接受模型的最初目的是解释计算机被用户广泛接受的原因。技术接受模型提出了两个主要的决定因素。

① 感知有用：反映一个人对某一特定系统的使用在多大程度上提高了他的工作绩效。

② 感知易用：反映一个人认为某一系统易于使用的程度。

Davis 发现感知有用和感知易用是影响接受行为和满意度的重要信念。

（3）自主需要、关系需要、能力需要与满意度关系

自我决定论探讨了人们发自内心的动机，研究了排除外在诱因与影响，把研究重点聚焦在个人激发与自我决定上，自我决定论提出了自主、关系和胜任的需求，如果能满足这些需求，个体就会得以满足个体心理上的成就感（满足感）。牟智佳在研究 MOOC 学习参与度影响因素的结构关系与效应研究时利用自我决定论，将自我决定论中自主、关系和胜任映射成 MOOC 学习中的自主需要、关系需要和能力需要，发现影响 MOOC 学习参与度的因素包括 6 个层面，其中教师支持、教师反馈、课程内容和课程结构 4 个因素通过感知满意度间接影响学习参与度，而感知有用和内在动机这 2 个因素则直接影响学习参与度。

（4）自我效能与满意度、持续使用的关系

自我效能感反映了一个内在的控制中心，它集中在个人技能和能力上，同时也反映了对行为所需的外部控制（如组织、技术）资源的控制。自我效能被视为一种独立的结构。La Rose 等在研究宽带互联网连接的使用情况时，在基于 538 名参与者反应的回归模型中发现，性能预期和自我效能感都是宽带采用的显著预测因子。Wang 等在同样关注持续意向的情况下，发现使用计算机的自我效能感和感知焦虑可以预测网络环境下的用户行为意向。

（5）满意度与忠诚度的关系

忠诚度是指用户忠诚的程度。用户忠诚度间接受到质量、价格、服务等诸多因素的影响，是指用户对某一企业的产品或服务产生情感，并形成某种偏爱，从而长期重复购买该企业产品或服务的程度。用户的忠诚度与

满意度不同，满意度是评量在过去的使用产品或服务过程中满足用户原先期望的程度，而忠诚度是衡量用户再次购买参与活动意愿的重要指标。按照 Fornell 等创建的 ACSI 模型，用户满意度影响用户的忠诚度。

（6）满意度与持续使用的关系

基于技术接受模型（TAM）和期望确认理论（ECT）的信息系统持续使用模型，在电子银行的持续使用行为研究中发现：期望确认对感知有用有正向影响，感知有用和期望确认对满意度有正向影响，并进一步影响 IS 持续使用意愿。Bhattacherjee 等对 ECM-ISC 进行扩展，引入 IT 自我效能和便利条件等变量，删除感知有用对满意度的直接作用，由此得到了扩展的信息系统持续使用理论模型（EECM）。Limayem 等将模型因变量由原来的持续使用意愿扩展至持续使用行为，研究发现满意度通过持续使用意愿间接正向影响持续使用行为。

通过上述分析，初步确定满意度受到期望确认、感知有用、感知易用及自我效能 4 个潜变量的影响，而自主需要、关系需要、能力需要通过影响期望确认、感知有用、感知易用间接影响满意度，满意度影响忠诚度与持续使用，忠诚度和自我效能影响持续使用，如表 3-1 所示。

表 3-1　MOOC 学习满意度指数模型潜变量

潜变量	类型	来源理论
自主需要（autonomy）	外生	自我决定论
关系需要（relatedness）	外生	自我决定论
能力需要（competence）	外生	自我决定论
感知易用（perceived ease-of-use）	内生	技术接受模型
感知有用（perceived usefulness）	内生	技术接受模型，信息系统持续使用模型
期望确认（confirmation）	内生	信息系统持续使用模型
自我效能（self-efficacy）	外生	信息系统持续使用模型
满意度（satisfaction）	内生	美国顾客满意度指数模型，信息系统持续使用模型
持续使用（continuance behavior）	内生	信息系统持续使用模型
忠诚度（loyalty）	内生	美国顾客满意度指数模型

3.2.2　MOOC 学习满意度结构模型

结构理论展示了潜变量在结构模型中的相互关系及其路径关系。这些结构的位置和顺序是基于相关理论或研究者的经验和知识确定的。

由于 MOOC 的学习与使用不同于普通消费品，但与其他信息产品类似，因此结合美国顾客满意度指数模型、期望理论、自我决定论、自我效能感、技术接受模型及信息系统持续使用模型，根据上述研究假设，建立如图 3-2 所示的 MOOC 学习满意度指数假设模型。模型确立了直接影响学习满意度的四大因素（感知易用、感知有用、期望确认、自我效能）、间接影响满意度的三大因素（自我需要、关系需要、能力需要），以及影响满意度的两个输出（持续使用、忠诚度）。

感知易用：学习者认为 MOOC 平台容易使用的程度。

感知有用：学习者认为学习特定的 MOOC 课程提高其绩效的程度。

期望确认：学习者学习前对课程期望与学习后绩效表现的比较后的确认程度。

自我效能：学习者对自身能否利用所拥有的技能去完成某课程学习的自信程度。

满意度：学习者对参加 MOOC 课程学习过程的总体主观感受。

持续使用：对学习者参加 MOOC 课程学习过程的时长、频次的描述，体现了学习者持续学习的意愿。

忠诚度：学习者享受学习平台提供的教育服务后，对学习平台的忠诚程度，包括学习者对学习平台的重复选择的意愿，以及向他人推荐平台、课程或老师的意愿等。学习者忠诚是学习者对学习满意的直接结果。

PLS 结构方程模型既可以用来做理论验证，也可以用来做理论探索。根据以上对影响 MOOC 学习满意度关键因素的分析，梳理相关文献，提取部分来源于文献的结论作为本研究的假设，并在本研究中对其进行验证。其他部分假设为本研究提出的新假设，本研究中将对其进行理论探索。表 3-2 列举了模型中各假设名称、影响路径及其理论来源。

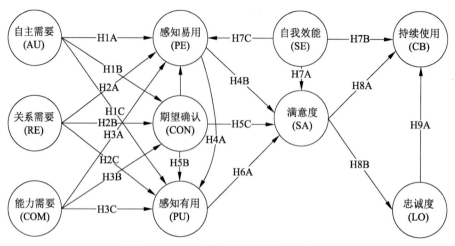

图 3-2　MOOC 学习满意度指数假设模型

表 3-2　MOOC 学习满意度指数模型假设

假设	路径	描述	来源
H1A	AU→PE	自主需要 显著影响 感知易用	
H1B	AU→CON	自主需要 显著影响 期望确认	
H1C	AU→PU	自主需要 显著影响 感知有用	
H2A	RE→PE	关系需要 显著影响 感知易用	
H2B	RE→CON	关系需要 显著影响 期望确认	Ryan 等、牟智佳
H2C	RE→PU	关系需要 显著影响 感知有用	等，验证
H3A	COM→PE	能力需要 显著影响 感知易用	
H3B	COM→CON	能力需要 显著影响 期望确认	
H3C	COM→PU	能力需要 显著影响 感知有用	
H4A	PE→PU	感知易用 显著影响 感知有用	Davis，验证
H4B	PE→SA	感知易用 显著影响 满意度	Davis，验证
H5A	CON→PE	期望确认 显著影响 感知易用	探索
H5B	CON→PU	期望确认 显著影响 感知有用	探索
H5C	CON→SA	期望确认 显著影响 满意度	Oliver
H6A	PU→SA	感知有用 显著影响 满意度	Davis

续表

假设	路径	描述	来源
H7A	SE→SA	自我效能 显著影响 满意度	LaRose
H7B	SE→CB	自我效能 显著影响 持续使用	Wang
H7C	SE→PE	自我效能 显著影响 感知易用	探索
H8A	SA→CB	满意度 显著影响 持续使用	Bhattacherjee 等
H8B	SA→LO	满意度 显著影响 忠诚度	Fornell 等
H9A	LO→CB	忠诚度 显著影响 持续使用	探索

3.3　MOOC 学习满意度预调查

3.3.1　MOOC 学习满意度测量模型

测量理论指定如何度量潜变量。一般来说，测量潜变量有两种不同的方法，一种是反映性测量，另一种是形成性测量。反映性指标本质上是可以互换的，因此删除一个项目并不会改变基础结构的本质，而形成性指标省略一个指标就是省略了该结构的一部分。图 3-3 显示了反映性测量与形成性测量视角之间的关键区别。黑色粗线圆圈表明了测量域，这是构造要度量的内容域。灰色细线圈表示每个测量指标覆盖的范围。反映性测量方法的目的是使可互换指标之间的重叠最大化，而形成性测量方法试图通过不同的形成性指标（灰细圈）充分覆盖被调查的潜在概念（黑粗圈）的领域，这些指标应该有较小的重叠。

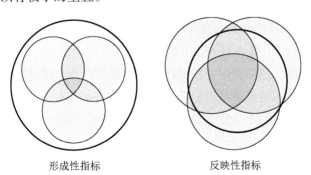

形成性指标　　　　　　　　　反映性指标

图 3-3　反映性指标和形成性指标的差别

对 MOOC 学习满意度结构模型的 10 个潜变量进行分析后，得到 6 个反映性指标（感知易用、感知有用、满意度、期望确认、忠诚度、持续使用行为）及 4 个形成性指标（关系需要、能力需要、自主需、自我效能）。

本研究采用问卷调查与大数据分析相结合的方法来收集数据，数据主要来源于问卷调查数据和学习者学习行为数据。

（1）问卷调查

通过自填问卷调查，可以系统地、直接地从一个取自某种社会群体的样本那里搜集资料，并通过对资料的统计分析来认识社会现象及其规律。MOOC 学习满意度调查研究的目的是了解在网络环境下学习者对学习平台的使用状况、对课程内容的学习情况、平台上的互动情况、使用 MOOC 过程中的各种感受，分析 MOOC 学习满意度特点及影响因素，从而为改进MOOC 课程建设、指导学习者有效学习提供研究依据。

自填问卷法分为个别发送法、邮寄填答法、集中填答法和网络调查法。与传统的纸质邮件调查相比，在线调查具有成本低、回复速度快、地理上不受限制的优点。鉴于本次研究样本学习者来自不同的城市和地区，且需要结合调查对象的学习行为数据，因此本研究采取个别发送与在线调查相结合的方法。

本次预调查问卷参照顾客满意度模型、自我决定论、技术接受模型、信息系统持续使用等模型的相关指标体系，设计了 9 个结构变量，共 27 个标识变量，如表 3-3 所示。所谓标识变量即可直接测得的变量，所谓结构变量即不可直接测得的变量。考虑到学习满意度与性别、专业、年级及已经参加的 MOOC 课程数量有关，因此问卷中还包含了人口信息和参课信息。每个结构变量要依靠其所属的标识变量来计算得分，标识变量通过问卷中的问题来测量。问卷中共包含 11 个部分的信息，含人口信息（性别、专业、年级）、参课信息（目的、方式、数量）、自主需要、关系需要、能力需要、感知易用、感知有用、期望确认、自我效能及忠诚度等部分共 35 题，每个结构变量使用的测量量表全部来源于现有各研究中已经测试过的量表。问题选项采用李克特 5 点量表法进行编码，分为 1 非常不符合、2 不符合、3 一般、4 符合和 5 非常符合。

表 3-3　问卷调查项及文献来源

潜变量名称	缩写	测量项	文献来源
感知易用（反映性）	PE1	这个在线课程的学习平台的设计（包括布局、导航等）都很清晰明确、页面美观大方	改编自 Shih（2004）的感知的易用性测量量表
	PE2	这个在线课程的学习平台很容易操作和使用	
	PE3	这个在线课程学习平台的各项功能（如笔记、测试和互动等）都比较完备	
感知有用（反映性）	PU1	总的来说，学习这门课程是有用的	改编自 Davis 等的感知有用性测量量表
	PU2	这个网络课程能帮助我提高课程内容相关能力	
	PU3	这个在线课程的内容很实用，能帮助我解决实际问题或取得学分	
关系需要（形成性）	RE1	在学习网络课程中，我经常会通过各种方式和教师进行积极的交流对话	改编自牟智佳的关系需要测量量表
	RE2	在学习网络课程中，我经常和参与学习的同伴进行积极的交流对话	
	RE3	我认为，平台应该提供更强大的供学习者相互交流的功能以支持学习者之间广泛的对话交流	
满意度（反映性）	SA1	参加这门网络课程的经历是愉快的	改编自 Pavlou 和 Kim 等的满意度测量量表
	SA2	通过这个在线课程的学习，我达到了预期的期望	
	SA3	我对这门课程总体上很满意	
能力需要（形成性）	COM1	这个在线课程的内容丰富有趣，正是我想学的	改编自牟智佳的能力需要测量量表
	COM2	这个在线课程每章节内容安排都很有逻辑，我能够很好地理解	
	COM3	这个在线课程的授课目标、方式、评价或考核方式等都表达得比较清楚	
期望确认（反映性）	CON1	课程的学习经历比我预期的要好	改编自 Bhattacherjee 等的期望确认测量量表
	CON2	这个网络课程的内容及平台的服务都比我预期要好	
	CON3	总体来说，我的大部分期望已经都得以满足	

续表

潜变量名称	缩写	测量项	文献来源
忠诚度 （反映性）	LO1	我会向其他人推荐这门课程的教师	改编自 Zeithaml 等的忠诚度测量量表
	LO2	我会跟其他人分享或推荐这门课程	
	LO3	如果有机会，我还会在这个平台上选择一门在线课程进行学习	
自我效能 （形成性）	SE1	学习在线课程之前，我会给自己设立一个目标，并且做好学习计划	改编自 Venkatesh 等的自我效能感测量量表
	SE2	即使在学习过程中遇到很多干扰因素，我还是坚持学完了这门课程	
	SE3	我相信通过我的努力，一定可以把这门课程学好	
自主需要 （形成性）	AU1	网络课程的主观题作业同伴互评我觉得很合理也很公平	改编自牟智佳的自主需要测量量表
	AU2	我认为，在线课程中学习者之间的对话交流都是学习的重要过程	
	AU3	这个在线课程的课时安排合理、灵活（包括课时的时间和频次），方便我调整学习进度	

（2）行为分析

行为，即 IT 持续使用行为，文献中通常被概念化为可感知的在线学习行为，因此该结构应使用由 Taylor 和 Todd 的感知的行为控制结构改编的三项量表来测量。通常持续使用是通过问卷中相应的结构变量来测量的，在信息系统中，这部分数据完全可以来自信息平台。信息平台留下了学习者平时在平台上所有的学习行为印迹。因此，可以通过从信息平台中抽取学习者的行为数据来测量学习者持续使用程度，如表 3-4 所示。

表 3-4　持续行为问卷调查项及文献来源

潜变量名称	缩写	测量项	文献来源
持续行为 （反映性）	CB1	课程学习的时长	改编自 Taylor 和 Todd 的感知的行为控制结构测量量表
	CB2	视频观看的次数	
	CB3	完成课程任务的百分比	

预调查选取了来自 Y 大学通识教育平台线上某通识课程 2017 年秋学习选课的 243 名学习者，通过课程平台发放问卷，收回有效问卷 205 份，有效

率达 84.36%。其中，男生样本 146 份（约占 71.22%），女生样本 59 份（约占 28.78%），以大学二年级、三年级学习者为主，如图 3-4 所示。

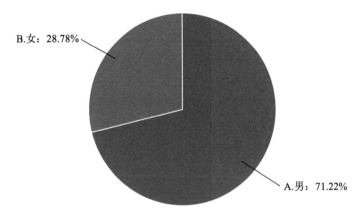

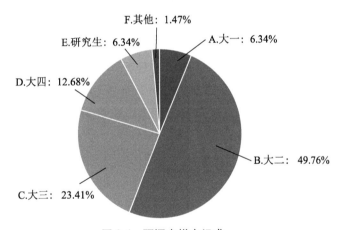

图 3-4 预调查样本组成

3.3.2 模型评估

模型评估提供指标与结构之间关系的经验度量（度量模型）及结构（结构模型）之间的关系。这些经验度量使我们能够将理论上建立的测量模型和结构模型与以样本数据为代表的实际情况进行比较。也就是说，我们可以确定这个理论与数据的吻合程度。

（1）工具选择

结构方程模型求解通常采用最大似然估计法，这方面的软件比较成熟，如 LISREL、AMOS 等，特别是 AMOS 采用图形化界面，操作十分简便。但这种方法对样本的数量和数据的分布都有一定的要求，对模型本身也存在是否能够识别的问题，还可能带来难以接受的结果和因子的不确定性问题。在满意度模型中，通常采用偏最小二乘法（PLS）。PLS 与普通最小二乘法（ordinary least squares，OLS）类似，通过最小化残差方差来确定参数值。PLS 的基本思想是将参数分成可估计的子集，考虑到某些子集的参数值是给定或固定的，其他部分参数是用普通的多元回归估计的，即对载荷和子集采用迭代法使结构参数的估计不断接近。PLS 估计不需要数据是正态分布，也不需要独立的观测或残差协方差的结构。PLS 适用于对潜变量分布的知识有限的情况。

目前有很多学者自主开发 PLS 软件用于求解 SEM 模型，如 Yuan Li 开发的 PLS-GUI、Wynnie Chin 教授开发的 PLS-Gragh、德国 Ringle 教授等开发的 SmartPLS 等。其中，PLS-Gragh、SmartPLS 均采用图形化界面，大大简化了构建模型的操作，且结果非常直观。SmartPLS 通过在其网站下载软件并完成注册，即可供研究者免费使用 30 天。

利用 SmartPLS 软件对预调查问卷进行数据分析的主要目的是验证调查问卷的信效度，通过对调查数据的分析，可剔除问卷设计上的重复指标，删除指向不明的指标，以及对学习满意度影响极为不显著问题，调整部分指标的表述，进而对模型的主体结构进行修正。

PLS 对样本量的要求低，可以有效避免模型不能识别的问题及因子间可能出现的其他不确定性问题。同时，PLS 对于样本的分布不作严格要求，适用于有偏数据的情况。以上优点刚好可以弥补学习满意度调查可能出现的问题。基于此，本研究采用 SmartPLS 3.2.8 软件来进行 PLS 迭代运算。

（2）模型评估的相关参数

使用 PLS 进行模型验证时，首先需要对结构变量进行信度和效度分析，其中效度分析又分为区分效度和收敛效度检验。通常使用克朗巴哈系数、组合信度、平均萃取变异量等参数进行信度和效度分析。为了检验模型的预测能力，需要对结构模型进行评估，一般采用 R^2 与 f^2 对结构模型进行评估。

① 克朗巴哈系数（Cronbach's α）。

Cronbach's α 为最常用的信度测量方法，通常为 0~1。如果克朗巴哈系数不超过 0.60，一般认为问卷内部一致性不足；达到 0.70~0.80 时，表示量表具有相当的信度；达到 0.80~0.90 时，说明量表信度非常好。克朗巴哈系数的一个重要特性是它们的值会随着量表项目的增加而增加，因此，克朗巴哈系数可能会由于量表中包含多余的测量项目而被人为地、不适当地提高。

② 组合信度（composite reliability，CR）。

组合信度为常用的信度测量方法，这种可靠性度量考虑了标识变量的不同外部载荷。组合信度的取值范围是 0~1，较高的值表示较高的可靠性水平。在探索性研究中，组合信度为 0.60~0.70 被认为是可以接受的；在较高级的研究阶段，组合信度为 0.70~0.90 被认为是令人满意的。而组合信度超过 0.90（高于 0.95）是不可取的，因为这表明所有指示变量都在测量相同的现象，所以不太可能是结构变量的有效度量。

③ 平均萃取变异量（average variance extracted，AVE）。

AVE 为效度测量方法，被定义为与构造相关的指标的平方载荷的总体平均值（即载荷平方之和除以指标数）。当 AVE 值为 0.50 或更高时表明，平均而言，该结构解释了其指标方差的一半以上。通过比较 AVE 的平方根是否大于潜变量之间的相关系数可以确定结构变量是否收敛。

④ 确定系数（R-square，R^2）。

确定系数是模型预测能力指标，衡量的是回归方程的整体拟合度，用于度量因变量的变异中可由自变量解释部分所占的比例，以此判断统计模型的解释力。确定系数越大，表示自变量越能解释因变量。随着样本数量的增加，确定系数必然增加，因此确定系数无法真正预测模型。实际中通常使用调整后的确定系数预测模型，调整后的确定系数不受样本数量的影响。

⑤ 影响系数（f-square，f^2）。

除了评估所有内生结构的确定系数之外，当模型中忽略指定的外生结构时，确定系数的变化可以用来评估被省略的结构是否对内生结构有实质性影响。这一措施被称为影响系数效应大小，其作用正越来越受到重视。

⑥ 路径系数（path coefficients）。

描述某外生潜变量在假设条件下对内生潜变量的影响。

（3）测量模型评估

对于测量模型，PLS-SEM 最重要的测量模型评估的度量指标是信度、收敛效度和区别效度。信度是指各结构度量测验结果的一致性、稳定性及可靠性；收敛效度反映的是各个指标是否反映了同一个结构度量，如果收敛效度差，则表明各个指标反映的结构度量、内涵各不相同；区别效度意味着在路径模型中，各指标应与自己所属的结构度量共享更多的方差。测量模型评估分为反映性测量模型评估与形成性测量模型评估。反映性模型评估的目的是确保结构度量的可靠性和有效性，从而为其是否能纳入路径模型提供支持。而在形成性测量模型中，指标很可能代表该潜变量的某个独立原因，说明指标间不一定高度相关。因此，反映性测量模型的统计评价标准不能直接转换到形成性测量模型。

对形成性度量模型的评价从收敛有效性开始，以确保潜变量的整个域及其所有相关方面都被形成性指标所涵盖，因此需要检查每个指标是否有效（效度检验）。同时，必须评估指标权重的重要性和相关性，并报告自举置信区间，这为系数估计的稳定性提供了更多的信息。另外，还应考虑形成性指标对其结构的绝对贡献（即其载荷）。如果权重和载荷都很低，该形成性变量就没有意义，应予以删除。此外，形成性指标之间的潜在共线性问题需要在计量模型评估中加以解决。通过对这些问题的分析，可以确保形成结构可以用于 PLS-SEM 分析，并能正确地解释外部权重的估计。

① 信度检验。

对反映性指标信度检验，可以采用克朗巴哈系数、组合信度及因子载荷（factor loading）来综合检验相关指标的信度。根据 Fornell 等的建议，组合信度应大于 0.7（其值越高，测量项越能测出该潜变量），测量项因子载荷系数应大于 0.7，克朗巴哈系数应大于 0.7（克朗巴哈系数值越高，表明潜变量对应的各测量项内部一致性越高）。

预调查样本结果表 3-5 中，6 项反映性结构变量的克朗巴哈系数（Cronbach's α）及组合信度（CR）全部达到了 0.7 以上（忠诚度及感知易用已经超过 0.8），说明测量模型内部的一致性较好；全部指标的因子载荷也都大于 0.7，说明各指标项对测量模型来说都是可信的。

形成性指标信度可以通过因子权重（factor weight）及指标测量项之间的共线检查来确定。本研究使用膨胀因子（variance inflation factor，VIF）来检查指标测量项之间的共线性，方差膨胀因子值越大，说明共线性越强。Chin（1998）建议，指标权重值显著且大于 0.2，且 VIF<10。

表 3-5　反映性指标各因子载荷

潜变量	Cronbach's α	CR	测量项	因子载荷	潜变量	Cronbach's α	CR	测量项	因子载荷
忠诚度	0.811	0.889	LO1	0.894	感知有用	0.752	0.858	PU1	0.792
			LO2	0.878				PU2	0.854
			LO3	0.784				PU3	0.805
感知易用	0.815	0.890	PE1	0.863	满意度	0.736	0.850	SA1	0.801
			PE2	0.872				SA2	0.797
			PE3	0.827				SA3	0.828
持续使用	0.773	0.868	CB1	0.856	期望确认	0.776	0.868	CON1	0.759
			CB2	0.800				CON2	0.818
			CB3	0.830				CON3	0.912

预调查样本结果表 3-6 中，所有形成性指标的 VIF 均远远小于 5，且权重都在 0.3 以上（AU3 达到 0.595），说明形成性结构变量的测量无共线成分；P 值都小于 0.001，说明各指标项对形成性指标测量模型来说都是可信的。

表 3-6　形成性指标因子权重

潜变量	指标	权重	VIF	T 值	P 值	潜变量	指标	权重	VIF	T 值	P 值
自主需要	AU1	0.378	1.120	7.877	0.000	关系需要	RE1	0.358	2.065	5.265	0.000
	AU2	0.385	1.181	8.486	0.000		RE2	0.443	2.083	6.056	0.000
	AU3	0.595	1.173	13.738	0.000		RE3	0.566	1.025	9.200	0.000
能力需要	COM1	0.434	1.517	10.710	0.000	自我效能	SE1	0.361	1.382	3.495	0.001
	COM2	0.415	2.004	9.968	0.000		SE2	0.426	1.476	4.709	0.000
	COM3	0.341	1.741	8.453	0.000		SE3	0.463	1.555	4.448	0.000

② 区别效度检验。

反映性指标的区别效度可以使用以下方式来判定：AVE 平方根大于潜变量之间的相关系数；某潜变量下测量项与其他潜变量的因子载荷小于本潜变量的因子载荷。

预调查样本结果表 3-7 中，加粗的对角线数据为该潜变量的 AVE 平方根，其他数字为潜变量之间相关系数。从表 3-7 中可以看出，AVE 平方根（表中粗体部分）都大于该潜变量与其他潜变量的相关系数，说明每个潜变量都有良好的区分度。

表 3-7 反映性指标区分效度数据

潜变量	LO	PE	PU	CB	CON	SA
忠诚度（LO）	**0.853**					
感知易用（PE）	0.520	**0.855**				
感知有用（PU）	0.638	0.575	**0.817**			
持续使用（CB）	0.812	0.600	0.738	**0.829**		
期望确认（CON）	0.478	0.471	0.569	0.588	**0.832**	
满意度（SA）	0.716	0.614	0.751	0.808	0.591	**0.809**

预调查样本结果表 3-8 中，加粗的数据为该指标对结构变量的因子载荷，非加粗的为该指标与其他结构变量的交叉因子载荷。从表 3-8 中可以看出，所有指标对自身结构变量的因子载荷均大于与其他结构变量的交叉因子载荷，说明结构变量指标项的设定是清晰且有区分度的。

表 3-8 反映性指标交叉因子载荷

指标	潜变量					
	LO	PE	PU	CB	CON	SA
CB1	0.778	0.463	0.614	**0.856**	0.561	0.658
CB2	0.495	0.505	0.598	**0.800**	0.497	0.656
CB3	0.728	0.531	0.625	**0.830**	0.401	0.698
CON1	0.331	0.217	0.332	0.400	**0.759**	0.386
CON2	0.359	0.336	0.475	0.432	**0.818**	0.469
CON3	0.484	0.572	0.586	0.610	**0.912**	0.596
LO1	**0.893**	0.434	0.598	0.735	0.456	0.644
LO2	**0.874**	0.461	0.541	0.664	0.427	0.605
LO3	**0.788**	0.438	0.488	0.677	0.335	0.581
PE1	0.459	**0.863**	0.522	0.534	0.443	0.535
PE2	0.450	**0.872**	0.494	0.523	0.357	0.521
PE3	0.424	**0.827**	0.456	0.481	0.404	0.517
PU1	0.497	0.458	**0.792**	0.545	0.412	0.583

续表

指标	潜变量					
	LO	PE	PU	CB	CON	SA
PU2	0.533	0.482	**0.854**	0.630	0.526	0.665
PU3	0.534	0.471	**0.805**	0.630	0.451	0.588
SA1	0.570	0.449	0.710	0.620	0.534	**0.793**
SA2	0.551	0.484	0.549	0.658	0.466	**0.802**
SA3	0.616	0.557	0.561	0.681	0.433	**0.832**

　　形成性指标的区分效度通常使用潜变量之间的相关系数来评估，一般认为相关系数小于 0.7 表示具有区分效度。预调查样本结果表 3-9 中，所有形成性指标之间的相关系数均小于 0.7，其中能力需要与自主需要相关性略高。

表 3-9　形成性指标潜变量之间相关系数

潜变量	关系需要	能力需要	自主需要	自我效能
关系需要（RE）	—			
能力需要（COM）	0.404	—		
自主需要（AU）	0.480	0.641	—	
自我效能（SE）	0.572	0.421	0.346	—

　　③ 收敛效度检验。

　　平均萃取变异量（AVE）是计算潜变量各测量项对该潜变量的平均变异解释能力。Fornell 与 Larcker（1981）建议，反映性指标潜变量 AVE 应大于 0.50（0.36~0.50 为可接受门槛）。预调查样本结果表 3-10 中，所有反映性指标潜变量 AVE 均大于 0.50，说明结构变量有良好的收敛性。

表 3-10　反映性指标潜变量 AVE

潜变量	平均萃取变异量（AVE）	潜变量	平均萃取变异量（AVE）
忠诚度（LO）	0.728	期望确认（CON）	0.693
感知易用（PE）	0.730	满意度（SA）	0.655
感知有用（PU）	0.668	持续使用（CB）	0.687

结合预调查样本结果，在模型假设中，各潜变量因子载荷均符合预期，潜变量之间的关系与文献一致并且显著，且各潜变量有良好的收敛效果。

综上，通过预调查发现，各测量模型均具有较高的信度、区别效度与收敛效度，无论是反映性还是形成性结构都表现出令人满意的质量水平。

（4）结构模型评估

对于结构模型，最重要的评估指标是确定系数（解释差异）、影响系数（影响尺寸），以及结构路径系数的大小及其统计意义。

确定系数（R^2）0.75，0.50，0.25 分别被认为是实质性的、中度的和弱的。如表 3-11 所示，由于模型中持续使用的数据是来自学习平台记录的行为数据，其 R^2 达到了 0.791（实质性），因此该结构变量中的原因变量很好地解释了持续使用近 80% 的变化，说明模型对持续使用的预测比较准确。除此之外，满意度及感知易用的 R^2 也达到了中等以上水平，忠诚度、感知确认和感知易用略低，但也达到了中等左右的水平。

表 3-11　确定系数及调整后的确定系数

潜变量	R^2	调整后的 R^2
忠诚度（LO）	0.490	0.487
感知易用（PE）	0.482	0.469
感知有用（PU）	0.603	0.593
持续使用（CB）	0.791	0.788
期望确认（CON）	0.511	0.504
满意度（SA）	0.643	0.636

影响系数（f^2）评估建议解释力如下：0.35（大）、0.15（中等）和 0.02（小）。f^2 小说明该路径影响力小。根据预调查数据分析后发现，结构模型中 H1B、H1C、H2A、H2C、H4A、H5A、H7A、H7C 的 f^2 都小于 0.02，且 H1C、H2A、H2C、H5A、H7C 检验效果不显著，这说明调研结果对这部分假设不支持。因此，拒绝结构模型中的 H1B、H1C、H2A、H2C、H4A、H5A、H7A、H7C 等 8 个假设，最终获得的模型如表 3-12 所示。

表 3-12　假设测试

假设	路径	f^2	路径系数	P 值	结果
H1A	AU → PE	0.166	0.405	0.000	支持
H1B	AU → CON	**0.015**	0.119	0.005	**拒绝**
H1C	AU → PU	**0.001**	0.021	0.567	**拒绝**
H2A	RE → PE	**0.003**	−0.055	0.158	**拒绝**
H2B	RE → CON	0.217	0.379	0.000	支持
H2C	RE → PU	**0.001**	0.029	0.373	**拒绝**
H3A	COM → PE	0.098	0.322	0.000	支持
H3B	COM → CON	0.162	0.370	0.000	支持
H3C	COM → PU	0.424	0.596	0.000	支持
H4A	PE → PU	**0.019**	0.118	0.000	**拒绝**
H4B	PE → SA	0.086	0.222	0.000	支持
H5A	CON → PE	**0.004**	0.069	0.097	**拒绝**
H5B	CON → PU	0.021	0.128	0.000	支持
H5C	CON → SA	0.041	0.161	0.000	支持
H6A	PU → SA	0.388	0.503	0.000	支持
H7A	SE → SA	**0.012**	0.077	0.003	**拒绝**
H7B	SE → CB	0.269	0.246	0.000	支持
H7C	SE → PE	**0.004**	0.055	0.145	**拒绝**
H8A	SA → CB	0.349	0.377	0.000	支持
H8B	SA → LO	1.052	0.716	0.000	支持
H9A	LO → CB	0.552	0.459	0.000	支持

（5）学习满意度模型确立

通过预调查数据，利用 SmartPLS 对预测模型中的测量模型及结构进行评估后发现，原先预测模型中各潜变量预测正确，各测量模型均通过了信效度检测，只有部分假设不被预测数据支持，故根据结构模型分析结果，删除 H1B、H1C、H2A、H2C、H4A、H5A、H7A、H7C 等 8 个假设，即预调查数据不支持自主需要显著影响期望确认和感知有用的假设，不支持关系需要显著影响感知有用与感知易用的假设，不支持感知易用显著影响感知有用的假设，不支持期望确认显著影响感知易用的假设，不支持自我效能显著影响满意度与感知易用的假设。结构模型中删除的假设路径如表3-13 所示。

表 3-13　结构模型中删除的假设

假设	路径	描述
H1B	AU → CON	自主需要 显著影响 期望确认
H1C	AU → PU	自主需要 显著影响 感知有用
H2A	RE → PE	关系需要 显著影响 感知易用
H2C	RE → PU	关系需要 显著影响 感知有用
H4A	PE → PU	感知易用 显著影响 感知有用
H5A	CON → PE	期望确认 显著影响 感知易用
H7A	SE → SA	自我效能 显著影响 满意度
H7C	SE → PE	自我效能 显著影响 感知易用

将结构模型中 f^2 都小于 0.02 和检验效果不显著的 8 条路径从原 MOOC 学习满意度指数假设模型中删除后，最终得到修正的 MOOC 学习满意度指数模型，如图 3-5 所示。

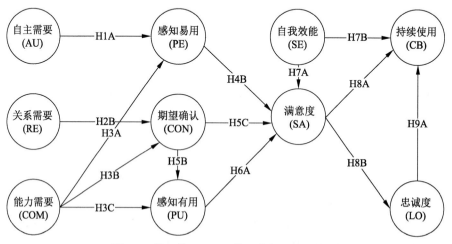

图 3-5　修正的 MOOC 学习满意度指数模型

3.4　本章小结

　　本章在第 2 章 MOOC 学习满意度测量理论模型的指导下，首先继续通过文献分析的方法，详细梳理了每个理论中提出的影响满意度指数的指标，总结出 MOOC 满意度模型的十大潜变量，并以文献为依据提出假设，构建了 MOOC 满意度指数假设模型。其次进一步通过文献分析出十大潜变量的测量模型形成问卷，并通过预调查实验对 MOOC 满意度指数假设模型中的测量模型进行了信效度分析。通过预调查实验发现，各测量模型均具有较高的信度、区别效度与收敛效度，无论是反映性还是形成性结构都表现出令人满意的质量水平。最后对 MOOC 满意度指数假设模型中的结构模型进行了预评估，通过对影响系数的分析，删除了影响系数低且检验效果不显著的假设，形成了修正的 MOOC 学习满意度指数模型。该模型为高等教育教学中 MOOC 课程的设计提供了坚实的理论基础。

第4章 MOOC学习满意度指数模型实证分析

本章在第3章建立结构方程模型的基础上，以"好大学在线"MOOC学习平台课程T为例，研究MOOC平台学习者课程学习满意度，分析在MOOC学习过程中影响学习者满意度的各种因素，以得到每个因素的影响因子，并进一步从不同维度对数据集进行群体切分，研究不同群体间学习满意度影响因素的主要差别。

4.1 样本定义及数据采集

4.1.1 样本的定义

要研究MOOC课程的学习满意度，必然要选择学习的主体（已经参与MOOC学习的学习者）作为研究对象。因此，有必要选择一个成熟且有影响力的MOOC平台，然后在平台上选取适当的课程，研究参与这些课程学习的学习者群体的满意度，以检验前文所提出的模型是否符合实际。鉴于在技术上不可能收集所有的MOOC平台数据及各平台对资源访问的限制，本研究选择中国顶尖MOOC平台"好大学在线"作为代表，选取其中的部分课程及参与这些课程的学习者作为本研究的研究对象。"好大学在线"由中国高水平大学慕课联盟提供支持，旨在通过交流、研讨、协商与协作等活动，建设具有中国特色的、高水平的大规模在线开放课程平台，向成员单位内部和社会提供高质量的慕课课程。截至2019年11月，"好大学在线"课程平台共有课程1400多门，合作机构276家，学科覆盖工学、理学、文学、医学、经济学等13个门类。

考虑到样本选取的一般性，在课程的选取上避免使用专业课程，以防样本内学习者来源于相近专业导致研究偏差。因此，本研究选择"好大学在线"MOOC通识课程T作为研究课程。该课程自2014年首次开课至2018年7月，前后共开设16次，有近3万人次参与学习。参与课程的学习者主要来自哈尔滨工业大学、长江大学、上海交通大学、曲靖师范学院、上海音乐学院、上海中医药大学等 300 多所高校，学习者专业覆盖哲学、经济学、法学、教育学、文学、历史学、理学、工学、农学、医学、管理学、艺术学等学科门类。本研究选取了所有参加本课程学习的学习者（共 29957 名）作为样本进行研究。

4.1.2 数据的获取

与第 3 章数据获取方法相同，正式研究的数据同样来源于问卷调查与大数据处理相结合的方法。在第 3 章中已经检验了问卷具有良好的信效度，因此，网络调查同样采用第 3 章的问卷并在"问卷星"平台进行了定向的网络调查，学习者学习行为数据来源于平台后台数据库及平台日志文件。

问卷是一份包含 11 个部分的在线调查表（参见附录 1），包含人口信息（性别、年级、专业）、参课信息（数量、目的、方式）、自主需要、关系需要、能力需要、感知易用、感知有用、期望确认、自我效能、持续使用及忠诚度等部分，共计 35 题。

发放问卷的目标对象是从参加学习的近 3 万名学习者中按开课时间分层抽取的 2000 名学习者。这 2000 名学习者会收到本研究发出的一封电子邮件，邮件中包含调查说明及问卷地址，为了鼓励学习者认真答题，每个参加答题的学习者都可以在答题结束后领取定额的微信红包。收集的数据除了在平台内的学号（以下简称学号）外，其他敏感数据（姓名、邮件地址、IP 地址、用户昵称等）全部经过脱敏处理后才用于研究分析。由于每封邮件内的问卷地址均包含个人学号信息，因此所有问卷都可以和学习者对应，且同一份问卷只能填写一次。经过这样的处理就可以获取到包含真实学号的学习者答卷。

问卷自 2018 年 8 月 3 日发放至 2018 年 9 月 31 日结束，共发放问卷 2000 份，收回 841 份，去除无效答卷 42 份（答卷时间小于 20 秒或所有测量项答案相同），最后剩余有效答卷 799 份，有效召回率约为 40%。学习者在平台内实际行为数据从学习平台后台及系统日志抽取，从约 400 万条记录与近 200 G 学习日志中提取了所有参与问卷调查的学习者基本信息、课程学习的时间数据、课程视频观看数据、参与课程讨论的数据及完成各项课程任务数据等。最后，将问卷数据与行为数据通过学号关联合并，得到模型实证所需要的全部数据。

4.1.3　数据的统计性描述

（1）受访者特征分析

通过对有效的 799 份问卷数据的分析，从受访者性别分布来看，男生约占 71%，女生约占 29%（样本中男生约占 32%，女生约占 20%，保密约占 48%）；在年级分布上，大学二年级学习者最多，约占 50%，其次是大学三年级学习者，约占 23%，大学四年级约占 13%，大学一年级约占 6%，研究生约占 6%，其他人员约占 2%；在学科分布上，理工农医等学习者约占 80%，文史艺体等学习者约占 20%；在参加课程数量分布上，约 46% 的学习者参加过 5 门及以上网络课程学习，其中约 11% 参加过 10 门及以上，只有不到 1% 的学习者是第一次参加网络课程；在选课的目的分布上，约 70% 的学习者都是出于个人兴趣爱好或为了获取课程学分等目的主动参加学习，只有约 30% 的学习者是在学校、老师或家长的要求下被动参与学习，如表 4-1 所示。

表 4-1　受访者特征分布

%

性别			年级						学科	
男	女	保密	大一	大二	大三	大四	研究生	其他	理工农医	文史艺体
32	20	48	6	50	23	13	6	2	80	20

参加课程数量			选课的目的	
第一次	5 门以上	10 门以上	主动参加学习	被动参与学习
<1	46	11	70	30

（2）课程总体学习满意度分析

在满意度方面，被试学习者的选择分为 5 个等级，分别是"非常满意""满意""一般""不满意""非常不满意"，从高到低依次记 5 到 1 分。从描述统计量来看，总体学习满意度的均值为 4.04，标准差为 0.68，这表明学习者总的来说达到了"满意"的状态。

使用频率统计对总体学习满意度进行分析，结果如表 4-2 所示。表中数据显示，总体学习满意度的情况呈偏态分布，数据明显倾向于满意度高的一侧。其中，61.95% 的受访者选择了"满意"，所占比例最高；从累积的百分比来看，满意以上的正向选项的累积比例为 84.23%。在这几个选项的排序上，从高到低依次为"满意"（61.95%）、"非常满意"（22.28%）、"一般"（13.89%）、"不满意"（1.38%）、"非常不满意"（0.50%）。从描述统计和频率统计的结果可以看出，受访者总体学习满意度的体验水平和最集中的状态都是"满意"，且不同性别受访者对 MOOC 课程学习满意度分布基本相同，处于正向积极态度的学习者数量较多，表达出他们对 MOOC 课程学习过程的肯定。

表 4-2　总体学习满意度频率统计

满意度等级	总体频数	总体百分比/%	总体累积百分比/%	男生频数	男生百分比/%	女生频数	女生百分比/%
非常满意	178	22.28	22.28	130	22.57	48	20.69
满意	495	61.95	84.23	349	60.59	146	62.93
一般	111	13.89	98.12	74	12.85	37	15.95
不满意	11	1.38	99.50	11	1.91	0	0.00
非常不满意	4	0.50	100.00	3	0.52	1	0.43
合计	799	100.00	—	567	100.00	232	100.00

（3）后台学习数据分析

参加学习的总人数为 29957 人（最多有学习者前后 10 次参加过该课程的学习，遗憾的是该学习者最终也未能通过该课程，有 2436 人参加过 2 次或多次课程的学习），注册后从来没参加过任何线上活动的人数为 2351 人，约占总人数的 7.85%。除了那些爽约者，几乎每个学习者观看过 1 次以上课程视频，有 9057 人观看过超过一半以上的课程视频，约占总人数的 30.23%；有 4531 人完成过 1 次以上客观练习，约占总人数的 15.13%，而完成全部练习的为 3089 人，约占总人数的 10.31%；完成 1 次以上主观练习的人数为 4532 人，约占总人数的 15.13%，完成全部主观练习的人数为 2534 人，约占总人数的 8.46%；最终能完成课程学习的学习者人数为 6193 人，约占总人数的 20.67%。

4.2 学习满意度指数模型验证

4.2.1 测量模型验证

模型验证首先从测量模型开始。利用第 3 章信效度检验方法，再次使用 SmarrtPLS 对正式实验数据进行处理，以验证测量模型中各潜变量的效度和信度。

数据处理结果中，忠诚度、感知易用、感知有用、持续使用、期望确认、满意度 6 项反映性潜变量的克朗巴哈系数（Cronbach's α）及组合信度（CR）全部达到了 0.7 以上，因子载荷也都大于 0.7，这说明各潜变量可信且测量是有效的；AVE 平方根都大于该潜变量与其他潜变量的相关系数，说明每个潜变量相对于其他潜变量都有良好的区分度；AVE 均大于 0.5，说明反映性潜变量有良好的收敛性；指标对自身潜变量的因子载荷均大于与其他潜变量的交叉因子载荷，说明潜变量的指标项的设定是清晰且有区分度的。

关系需要、能力需要、自主需要、自我效能等形成性指标的膨胀因子（VIF）均远远小于 10 且权重都在 0.3 以上，说明形成性测量模型各潜变量的测量指标无共线成分且显著；P 值都小于 0.001，说明各形成性潜变量各指标项都是可信的；指标间相关系数均小于 0.7，说明各形成性潜变量间有良好的区分度。

综上，在实际实验数据分析中，所有潜变量均符合预期，且潜变量之间的关系与文献一致并且显著。

4.2.2 结构模型验证

（1）需要通过检查结构模型中所有潜变量的 VIF 值来检查潜变量的共线性问题

需要评估以下模型的共线性：

① 自主需要、能力需要预测感知易用的共线性；

② 关系需要、能力需要预测期望确认的共线性；

③ 能力需要、期望确认预测感知有用的共线性；

④ 感知易用、期望确认、感知有用预测满意度的共线性；

⑤ 自我效能、满意度、忠诚度预测持续使用的共线性。

表 4-3 中，各列代表被预测的内生潜变量，各行代表预测潜变量。从表 4-3 中可以看出，所有 VIF 都明显低于阈值 5。因此，在结构模型中，预测结构不存在潜变量间的共线问题。

表 4-3　结构模型中 VIF

潜变量	感知易用（PE）	感知有用（PU）	持续使用（CB）	期望确认（CON）	满意度（SA）
感知有用（PU）					1.809
期望确认（CON）		1.596			1.773
感知易用（PE）					1.581
自我效能（SE）			1.209		
关系需要（RE）				1.234	
忠诚度（LO）			2.061		
满意度（SA）			2.201		
能力需要（COM）	1.686	2.035		1.722	
自主需要（AU）	1.686				

（2）检查内生潜变量 R^2

根据第 3 章所述规则，在正式实验中，持续使用的 R^2 为 0.814，其解释力为实质性的，其他内生潜变量均可视为拥有中度解释力（感知易用非常接近 0.5），如表 4-4 所示。所有的结构变量中，原因变量很好地解释了结构变量的变化，说明模型预测比较准确。

表 4-4　内生潜变量 R^2

潜变量	R^2	调整后的 R^2
忠诚度（LO）	0.513	0.512
感知易用（PE）	0.490	0.489
感知有用（PU）	0.615	0.615
持续使用（CB）	0.815	0.815
期望确认（CON）	0.551	0.550
满意度（SA）	0.637	0.636

（3）检查内生潜变量 f^2

在正式实验中，由表 4-5 所示的 f^2 可以看出，在满意度影响因素的各潜变量中，感知有用对满意度影响最大，而期望确认和感知易用仅轻度影响满意度；满意度高度影响忠诚度；能力需要和自主需要中度影响感知易用；能力需要高度影响感知有用，期望确认对感知有用影响很少；持续使用受到忠诚度和满意度的高度影响；自我效能中度影响持续使用；能力需要中度影响期望确认。

表 4-5　内生潜变量 f^2

潜变量	忠诚度 （LO）	感知易用 （PE）	感知有用 （PU）	持续使用 （CB）	期望确认 （CON）	满意度 （SA）
关系需要（RE）					0.432	
忠诚度（LO）				0.553		
感知易用（PE）						0.094
感知有用（PU）						0.395
期望确认（CON）			0.046			0.066
满意度（SA）	1.053			0.351		
能力需要（COM）		0.143	0.759		0.348	
自主需要（AU）		0.197				
自我效能（SE）				0.275		

（4）检查路径系数及其是否显著

表 4-6 列出了模型中所有潜变量之间关系的路径系数。从表中 T 值可以看出，在 5% 的显著性水平上，检验模型中所有的关系在统计上都是显著的。其中，满意度对忠诚度的影响最为显著，期望确认影响感知有用最不显著。

表 4-6　模型中各假设路径系数

路径	路径系数	T 值	P 值
关系需要（RE）→ 期望确认（CON）	0.473	16.702	0.000
忠诚度（LO）→ 持续使用（CB）	0.459	20.799	0.000

续表

路径	路径系数	T 值	P 值
感知易用（PE）→ 满意度（SA）	0.232	5.859	0.000
感知有用（PU）→ 满意度（SA）	0.508	14.450	0.000
期望确认（CON）→ 感知有用（PU）	0.166	5.260	0.000
期望确认（CON）→ 满意度（SA）	0.192	6.795	0.000
满意度（SA）→ 忠诚度（LO）	0.716	35.020	0.000
满意度（SA）→ 持续使用（CB）	0.378	16.223	0.000
能力需要（COM）→ 感知易用（PE）	0.355	8.353	0.000
能力需要（COM）→ 感知有用（PU）	0.674	24.481	0.000
能力需要（COM）→ 期望确认（CON）	0.425	14.939	0.000
自主需要（AU）→ 感知易用（PE）	0.416	10.176	0.000

图 4-1 为最终的 MOOC 课程 T 的学习满意度模型，各结构变量之间的连线上标注了路径系数及 T 值（显示在括号中），各结构变量之间的路径粗细直观反映了该路径系数的大小。

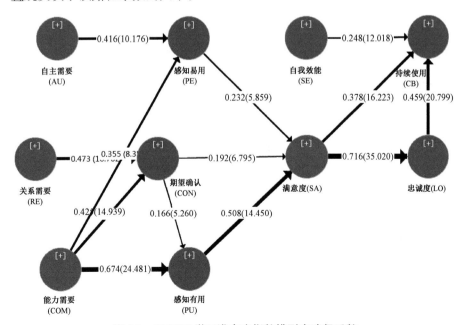

图 4-1　MOOC 学习满意度指数模型中路径系数

4.2.3 模型拟合分析

在用一致 PLS 方法模拟 CB-SEM 模型时，当使用 PLS-SEM 对只包含反映性测量结构的路径模型时，必须讨论模型拟合度，如果测量模型中包含反映性模型，则不可使用基于 CB-SEM 的拟合参数评估其拟合度。因为本模型中包含 4 个形成性测量变量，所以不可以使用基于 CB-SEM 拟合参数来评估 PLS-SEM 模型的拟合度。

Henseler 等引入标准化残差均方根（standardized residual root mean square，SRMR），SRMR 为 PLS-SEM 的一种模拟拟合，可用于避免模型错误。Henseler 等建议 SRMR 值小于 0.10 或 0.08（在更保守的版本中）。通过 SmartPLS 完全自助法计算得到饱和模型（saturated model）的 SRMR 为 0.082，估计模型（estimated model）的 SRMR 为 0.096，均小于 0.10，可认为数据与模型有较好的拟合效果。

4.3 MOOC 学习满意度指数模型解读

4.3.1 感知有用是影响学习满意度最大的因素

从图 4-1 可以直观看到，在 MOOC 学习满意度指数模型中，对满意度影响最大的因素是感知有用，其次是感知易用，影响最小的是期望确认。

感知有用对学习满意度影响最大，说明课程内容是否能提高工作业绩是学习者优先考虑的因素，体现了学习者追求学习内容的工具倾向，对课程内容的直观感知是影响学习满意度的最大要素。

感知易用对学习满意度影响较大，说明平台是否方便易用、是否美观实用也是影响满意度的重要因素之一。平台方便易用可以降低平台使用的学习成本，美观的平台设计则可以提升学习者的学习体验。

期望确认对学习满意度影响最小，说明参加 MOOC 课程的学习者在开始学习课程前，对课程内容并没有太多的预期与规划，或者说他们参与课程的内部动机是比较弱的。很多参与课程的学习者其学习动机更多来源于外部，比如为了获取课程学分或者是受到他人（老师或家长）要求才参与课程学习的。从问卷的学习动机调查（该问题为多选题，详见附录 1）来看，在"您选择在线课程学习的主要目的"这个问题上，选择"获得课程学分或资格（技能）证书"及"学校、老师或者家长等的要求"的人数达618 人，占总人数的 77%。

4.3.2　能力需要是 MOOC 课程学习的最大需求

自我决定理论认为，胜任、关系、自主是达成个体优良表现与健康必须满足的三类基本需要。牟智佳等提出，在学习过程中是否能达到优良表现取决于如下三类需要是否达到满足：以教师支持和教师反馈为群组的自主需要、以师生互动和同伴互动为群组的关系需要、以课程内容和课程结构为群组的能力需要。从图 4-1 所示的学习满意度模型来看，在 MOOC 课程学习中以能力需要的满足最为重要。能力需要高度影响感知有用，中度影响感知易用和期望确认，而能力需要主要反映在课程的内容和结构上。因此，课程的内容与结构是影响感知有用的核心要素，并通过感知有用间接影响学习满意度。

以师生互动为考量的关系需要会影响期望确认，积极的师生互动或生生互动会提升学习者的期望确认，并通过期望确认和感知有用间接影响学习满意度。

基于教师的支持与反馈而设计的自主需要会在较大程度上影响感知易用，这种易用性更多地体现在平台是否提供适当的工具来支持教师支持和反馈，如课程是否设计了讨论区、互评功能是否公平、是否提供互评结果申诉等功能。

4.3.3　维持学习的最大动力来自课程学习满意度

课程学习的满意度直接正向影响高水平的忠诚度，满意度与忠诚度是维持学习的最大动力，而自我效能在维持学习持续性方面的影响力相对较低。这说明，在网络学习环境中，学习是一个社会化的活动，学习的持续性不能仅仅靠学习者个人的自我效能来维持，而应该更多地依靠课程内容选取、课程组织形式及课程实施中的互动来维持。

4.3.4　满意度形成与自我效能无关

从模型来看，数据都不支持自我效能显著影响满意度这条假设，直观来看就是满意度的形成与自我效能无关，但自我效能在一定程度上支持持续使用，即自我效能虽然不能提高学习满意度，但直接影响满意度的后续学习行为的持续性。

4.4 不同群体学习满意度影响因素差别

基于上一节的 MOOC 学习满意度结构方程模型,本节继续分析不同特征的学习者对 MOOC 学习满意度的影响差异。本研究主要目标在于找到影响不同类型学习者 MOOC 学习满意度的主要影响因素,以便为利益相关方提供针对性的建议,从而在面对不同学习者的 MOOC 课程设计上做出更好的决策。研究的主要方法是利用 SmartPLS 软件进行多组分析,得出各个模型中因素的因子载荷及其显著性。

不同群体的学习者对 MOOC 课程学习的需求也不尽相同。比如刚入学的新生或刚刚接触 MOOC 课程的学习者等,他们之前对 MOOC 平台没有直观的体验,因而他们和已经参加过 MOOC 学习的学习者的期望是不同的。因此,如果把不同年级的数据混在一起研究,想要得出对所有年级都相同的改进指数是不太合理的。

本研究根据得到的数据,从学习者的性别、专业、年级、所使用的学习终端及选课数量进行多组分析,得出不同分组间潜变量关系的路径系数。通过对该系数差异的分析,可以得出不同的用户类别之间 MOOC 学习满意度指数模型中潜变量之间影响关系的差异。选取潜变量关系路径系数差别大且经过检验后具有显著性的路径、权重差异较大且经过检验具有显著性的指标分别列举并进行分析。通过分析,相关结论可以为教育管理部门提供 MOOC 课程建设投资与管理提供指导。

4.4.1 满意度影响因素的性别特征差异

基于性别对能力需要、关系需要、自主需要、感知有用、感知易用、期望确认、满意度、自我效能、持续使用都可能产生影响的假设,本研究先将男女样本分组再进行多组分析比较。本次调研回收的可用问卷中,男生 567 份,女生 232 份,均超过 PLS−SEM 所要求的最小样本数。Chin(1998)建议 PLS−SEM 的样本数为模型最大结构模型影响因素的 10 倍(本模型为 30)或最大测量模型指标数量的 10 倍(本模型为 30),以上两个样本数目均已远远超过。经多组分析后,得到如表 4-7 所示的不同性别具有显著性差异的路径系数表及如表 4-8 所示的不同性别具有显著性差异的指标表。

表 4-7　不同性别具有显著性差异的路径系数

路径	路径系数				
	男	女	差异	差异 T 值	差异 P 值
满意度（SA）→ 忠诚度（LO）	0.691	0.768	0.077	2.033	0.042

表 4-8　不同性别具有显著性差异的指标

指标	权重/载荷				
	男	女	差异	差异 T 值	差异 P 值
LO1 ← 忠诚度（LO）	0.691	0.768	0.036	2.075	0.039
RE1 → 关系需要（RE）	0.308	0.786	0.478	3.069	0.002
RE2 → 关系需要（RE）	0.214	0.605	0.392	2.161	0.032

LO1：我会向其他人推荐这门课程的教师。
RE1：在学习网络课程中，我经常会通过各种方式和教师进行积极的交流对话。
RE2：在学习网络课程中，我经常和参与学习的同伴进行积极的交流对话。

从表 4-7 中可见，在相同的满意度体验下，女性学习者比男性学习者具有更高的忠诚度。研究表明，女性学习者在选择课程时一般要求都比较高，一旦选择了某个课程，就会保持较高的忠诚度。女性学习者更乐于分享，她们会通过口口相传的方式向其他人推荐自己喜欢的课程。

从表 4-8 中可见，在指标 RE1 与 RE2 上女性学习者的权重值远远高于男性学习者。查看具体指标问题后发现，女性学习者在参与 MOOC 课程学习时更倾向于与老师和同学多交流，而男性学习者则更倾向于独立学习，在和他人的交流方面相对女性学习者而言要少很多。在相同满意度体验的情形下，女性学习者更倾向于把自己满意的课程老师推荐给其他学习者。这些不同主要来源于男女学习者心理结构的差异。从性别心理学来看，女性会更注重情感、交流和分享，她们的乐群性明显高于男性。她们通过外界反馈和自我感觉来定义自己的价值，她们会在互相帮助、互相安慰上花更多时间。而男性更倾向于通过力量、效率获得成就来体现自我价值，他们的恃强性明显高于女性。因此，相对于女性，男性更倾向于不需要别人帮助而独立完成任务。

4.4.2　满意度影响因素的专业特征差异

学习者的不同专业背景也可能对能力需要、关系需要、自主需要、感知有用、感知易用、期望确认、满意度、自我效能、持续使用产生影响。因此，本研究将样本中的学习者按照文科和理科分组后（由于艺术专业人数相对较少，这部分样本并入了文科组）进行多组分析比较。本次调研回收的可用问卷中，理科 667 份，文科 132 份，均超过 PLS-SEM 所要求的最小样本数。经多组分析后，得到如表 4-9 所示的不同专业具有显著性差异的路径系数表及如表 4-10 所示的不同专业具有显著性差异的指标表。

表 4-9   不同专业具有显著性差异的路径系数

路径	路径系数				
	文	理	差异	差异 T 值	差异 P 值
满意度（SA）→ 忠诚度（LO）	0.808	0.698	0.110	1.918	0.055
自主需要（AU）→ 感知易用（PE）	0.667	0.383	0.284	2.576	0.010

从表 4-9 中可见，在相同满意度体验的情形下，文科学习者比理科学习者具有更高的忠诚度，鉴于文科学习者中女性比例明显高于男性，因此文理科学习者的差异有很大原因是由性别差异带来的，但不是全部。从满意度影响忠诚度的路径系数来看，文理差异为 0.110，而男女差异为 0.077，文理的差异明显高于性别的差异，这也充分说明相对于理科学习者，文科学习者更喜欢分享自己满意的课程。另外，文科学习者与理科学习者在自主需要对感知易用的影响上差异非常大，这一点在性别差异中是没有的。由此可以看出，文科学习者更注重自主需要的满足，他们更希望自己能控制整个学习进度并认为学习中的公平更重要。

从表 4-10 中可见，在指标 SE1 上理科学习者的权重值远远高于文科学习者。查看具体指标问题发现，理科学习者在参与 MOOC 课程前，更愿意为自己设立一个目标，并且做好学习计划。也就是说，理科学习者更愿意在学习课程前做一些规划，而文科学习者的这项权重几乎为 0，说明文科学习者不太愿意在课程前做计划。在相同满意度体验的情形下，文科学习者更倾向于把这门课推荐给其他学习者，且有较强的继续学习行动趋向，更愿意继续留在平台学习其他课程。在课程内容的选择（都以解决实际问题或取得学分为目的）及学习时长上，文科学习者与理科学习者没有明显的差异。

表 4-10 不同专业具有显著性差异的指标

指标	权重/载荷				
	文	理	差异	差异 T 值	差异 P 值
LO2 ← 忠诚度（LO）	0.924	0.865	0.058	2.344	0.020
LO3 ← 忠诚度（LO）	0.867	0.776	0.090	2.191	0.030
PU3 ← 感知有用（PU）	0.867	0.796	0.072	2.367	0.019
SE1 → 自我效能（SE）	-0.069	0.261	0.330	1.979	0.050
CB1 ← 持续使用（CB）	0.894	0.846	0.048	2.174	0.031

LO2：我会向其他人分享或推荐这门课程。
LO3：如果有机会，我还会在这个平台上选择一门在线课程进行学习。
PU3：这个在线课程的内容很实用，能帮助我解决实际问题或取得学分。
SE1：学习在线课程之前，我会给自己设立一个目标，并且做好学习计划。
CB1：课程学习的时长。

4.4.3 满意度影响因素的年级特征差异

学习者处于不同年级也可能对能力需要、关系需要、自主需要、感知有用、感知易用、期望确认、满意度、自我效能、持续使用产生不同的影响。因此，本研究将样本中的学习者按照高年级与低年级分组后进行多组分析比较，其中高年级定义为大学三年级以上的学习者，低年级定义为大学一年级及二年级的学习者。本次调研回收的可用问卷中，高年级 525 份，低年级 240 份（问卷中"所在年级"选择"其他"的样本未纳入统计），这两个群体的样本均超过 PLS-SEM 所要求的最小样本数。通过多组分析后发现，不同年级的学习者模型潜变量间所有路径系数在统计上没有显著差异，仅在感知易用这个潜变量上的指标权重有细微差别，如表 4-11 所示。

表 4-11 不同年级具有显著性差异的指标

指标	权重/载荷				
	低年级	高年级	差异	差异 T 值	差异 P 值
PE2 ← 感知易用（PE）	0.433	0.359	0.074	2.918	0.004
PE3 ← 感知易用（PE）	0.324	0.407	0.083	3.148	0.002

PE2：这个在线课程的学习平台很容易操作和使用。
PE3：这个在线课程学习平台的各项功能（如笔记、测试和互动等）都比较完备。

从表 4-11 中可见，低年级与高年级学习者在感知易用的指标 PE2 和 PE3 的选择上稍有不同。相对于高年级学习者，低年级学习者认为平台容易操作和使用比平台拥有各项功能（如笔记、测试和互动等）更重要，而高年级学习者则侧重于平台的功能是否完备。这充分说明在平台的使用上，低年级学习者更倾向于工具的易用性，注重使用体验，而高年级学习者更倾向于工具的完备性，更关注平台功能是否完备。

4.4.4　满意度影响因素的学习终端特征差异

学习者使用不同的终端参加 MOOC 课程学习也可能对感知有用、感知易用、期望确认、满意度、自我效能、持续使用产生影响。因此，本研究将样本中学习者按使用终端分组进行多组分析比较。将平时学习课程使用 PC 等固定设备的定义为固定组，将使用手机、平板等移动设备的则定义为移动组。本次调研回收的可用问卷中，固定组 515 份，移动组 284 份，这两个群体的样本均超过 PLS-SEM 所要求的最小样本数。经过多组分析后发现，使用不同终端的学习者在模型潜变量间所有路径系数在统计上没有显著差异。

从表 4-12 中可见，移动组相对于固定组，在指标 SA2 上有一定差别。通过移动终端的学习者更容易通过在线课程的学习达到预期的期望。在持续使用、感知有用及忠诚度方面，移动组在相关的指标上都略高于固定组，这充分说明现在的学习者更愿意在移动设备上参加 MOOC 课程的学习，使用移动学习的方式可以提高学习的便捷性和持续性。

表 4-12　不同学习终端具有显著性差异的指标

指标	权重/载荷				
	固定	移动	差异	差异 T 值	差异 P 值
CB1 ← 持续使用（CB）	0.838	0.887	0.050	2.648	0.008
CB2 ← 持续使用（CB）	0.759	0.852	0.083	2.631	0.009
LO2 ← 忠诚度（LO）	0.852	0.910	0.058	2.039	0.042
SA2 ← 满意度（SA）	0.756	0.857	0.101	2.117	0.035
PU2 ← 感知有用（PU）	0.844	0.872	0.049	2.139	0.033

CB1：课程学习的时长。
CB2：视频观看的次数。
LO2：我会向其他人分享或推荐这门课程。
SA2：通过这个在线课程的学习，我达到了预期的期望。
PU2：这个网络课程能帮助我提高课程内容相关能力。

4.4.5　满意度影响因素的选课数量特征差异

学习者已经参加的 MOOC 课程数量也可能对感知有用、感知易用、期望确认、满意度、自我效能、持续使用产生影响，参加的课程越多，学习者对平台的要求可能越少，而对课程内容的要求会越多。因此，本研究将样本中学习者按照已学习的课程数量分组并进行多组分析比较。选课数量大于等于 5 门课程的定义为选课多的分组，少于 5 门课程的定义为选课少的分组。本次调研回收的可用问卷中，选课多的组 341 份，选课少的组 458 份，这两个群体的样本均超过 PLS-SEM 所要求的最小样本数。经过多组分析后，得到如表 4-13 所示的不同选课数量具有显著性差异的路径系数表及如表 4-14 所示的不同选课数量具有显著性差异的指标表。

表 4-13　不同选课数量具有显著性差异的路径系数

路径	路径系数				
	多	少	差异	差异 T 值	差异 P 值
关系需要（RE）→ 期望确认（CON）	0.551	0.409	0.142	2.589	0.010
自我效能（SE）→ 持续使用（CB）	0.316	0.205	0.111	2.681	0.008
满意度（SA）→ 持续使用（CB）	0.646	0.742	0.096	2.865	0.004

从表 4-13 中可见，参与较多数量课程的学习者相对于选课数量较少的学习者，关系需要会更大程度影响期望确认，自我能效会在较大程度上影响持续使用，而相同的满意度体验则会引起略少的持续使用趋势。这表明选课多的学习者在学习的过程中会增加对关系需要的需求，在持续使用的影响因素中，自我效能占据了稍大的比例，而满意度对维持持续使用的作用有所降低，说明选课多的学习者相对于选课少的学习者，自我效能的影响对持续使用的影响会大些，而满意度对持续使用的影响会更小些，即自我效能与选课数量正相关。

从表 4-14 中可见，选课多的组相对于选课少的组，在指标 SE2 上有很大差别。选课多在自我效能 SE2 指标上载荷大很多，意味着学习课程多了，更多的坚持才能提供更多的自我效能。再者，如上所述，选课多的组自我效能影响持续使用的趋势也在上升。在满意度方便，相同满意度下选课少的学习者更多认为参加这门课的经历是愉快的，而在持续使用方面，选课多的则更有持续使用的趋向，他们会倾向于更长时间的学习。

表 4-14　不同选课数量具有显著性差异的指标

指标	权重/载荷				
	多	少	差异	差异 T 值	差异 P 值
CB1 ← 持续使用（CB）	0.882	0.837	0.045	2.386	0.017
SA1 ← 满意度（SA）	0.746	0.819	0.073	2.005	0.046
SE2 → 自我效能（SE）	0.688	0.339	0.349	3.127	0.002

CB1：课程学习的时长。
SA1：参加这门网络课程的经历是愉快的。
SE2：即使在学习过程中遇到很多干扰因素，我还是坚持学完了这门课程。

4.5　本章小结

本章通过对上一章建立的结构方程模型的结构分析，发现影响满意度的核心路径是：能力需要强力影响感知有用，感知有用强力影响满意度，满意度强力影响持续使用。在不同群体的差异研究上，女性学习者更注重情感、交流和分享等学习过程中的关系需要；文科学习者更注重自己控制整个学习进度自主需要的满足，而理科学习者更注重事先对学习的规划，文科学习者更倾向于把自己满意的课程推荐给其他学习者。对于平台的要求，低年级学习者更倾向于工具的易用性，注重使用体验，而高年级学习者更倾向于工具的完备性，更关注平台功能是否完备。在学习设备的选择上，使用移动设备参加 MOOC 课程的学习者会有更高的课程满意度及更强的持续性趋势。在选课数量上，选课较多的学习者具有较强的持续使用趋势。因此，本实证研究为高等教育教学中 MOOC 课程的设计及 MOOC 课程的分类实施及管理提供了依据。

第 5 章　MOOC 学习满意度访谈分析

本章以问卷调查（参见附录 1）的方式验证第 3 章提出的 MOOC 学习满意度指数模型。通过对高校学习满意度问卷调查数据的分析，分别验证 MOOC 满意度指数测量模型与结构模型，并对模型进行解读、对不同群体 MOOC 学习满意度差异进行解析。从研究数据来看，对 MOOC 学习整个过程认为"满意"及以上的正向选项的累积比例为 84.23%，这说明大多数学习者对 MOOC 学习的过程是满意的，但为什么后台学习的统计数据显示只有 20.67% 的学习者能坚持完成 MOOC 课程的学习？虽然只有 20.67%，但该课程完成率相比较其他 MOOC 课程的完成率已经比较高了，是什么原因导致 MOOC 课程学习的高满意度低完成率？

本研究不仅要从数据中研究发现 MOOC 学习满意度指数模型，而且需要从学习满意度的结构、内涵等来透视数据，通过对学习满意度指标的深入研究，探寻学习满意度问题的本质。因此，本研究需要在 MOOC 学习满意度量化分析结果的基础上，进一步运用质性研究方法，对量化研究过程中发现的 MOOC 学习满意度指数及其重要性进行验证，并对学习满意度形成的背后驱动因素进行更进一步的探索。

从研究方法上来说，量化分析和质性研究是实证研究的两种主要方法，它们将为 MOOC 学习满意度研究在质和量上提供不同的研究方法，形成研究方法上的互补与完善。

5.1　质性研究的设计与实施

本研究采用半结构访谈来实施质性研究。在量化研究的结果支撑下的深度半结构访谈更具验证性与探因性，因此质性研究方法的加入能弥补以往研究中重数据分析而轻访谈探因的不足。通过深度半结构访谈的实施，不仅可以验证量化研究中数据分析的结果，而且可以根据特定样本的选择，有针对性地通过预先设计访谈问题引导访谈过程，通过问答环节有意识地探究访谈对象学习满意度的形成原因，完成对现象背后本质的发掘，使得学习满意度的研究过程更加严谨与深入。

5.1.1　半结构访谈质性研究方法

（1）半结构访谈的特征

在社会科学的质性研究中，以结构为标准，将深度访谈分为结构型、无结构型和半结构型三类，每种类型都具有各自的特征与适用条件。半结构访谈（semi-structured depth interview）是研究界常用的一种开展深度访谈的研究工具，本研究在质性研究方面主要采用半结构访谈。

半结构访谈有两个重要特征：其一，半结构访谈的部分问题是事先准备好的，也可以在访谈过程中根据实际情况做适当的改进。因为访谈是研究者和访谈对象的共同产物，所以具有整体性。也就是说，访谈者需要事先设定访谈的提纲，提纲是粗线条的，通过提纲来引导访谈过程，不仅可以让访谈过程紧紧围绕研究，而且可以在访谈过程中根据具体情况对访谈问题进行动态改进、追问和随即反应，从而促进双方充分互动，产生有意义的访谈结果。其二，半结构访谈要深入事实内部，强调细节与事实之间的意义关联，从表面事实进入深度事实，并且要求访谈者能够对这二者进行甄别，可以说其中具有意义探究的韵味。因此，半结构访谈不仅是搜集资料的有效方式，更具有意义探究的作用。

（2）半结构访谈运用于本研究的适切性

本研究采用半结构访谈进行质性研究，主要出于两个方面的考虑。一方面，实证调查的数据及定量分析结果已经呈现出 MOOC 学习满意度及其各项指标、指标的重要性及其相互之间的有机关联，有必要再次采用定性研究的方法对这些指标、权重及其相互关系进行深入检验，半结构访谈可作为检验的工具。另一方面，半结构访谈由于具有意义探究的作用，可以采用解释理论进行因果案例研究，因此可以作为解释的工具。本研究采用的半结构访谈，目的在于验证目前学习者是否存在与数据分析结果相吻合的 MOOC 学习满意度状态，探索导致这种状态和现象产生的背后的原因和动力，以及透过现象探寻 MOOC 学习满意度影响因素的本质。

5.1.2　访谈对象与内容

本研究采用半结构访谈进行质性研究，因此需要根据访谈的目的确定接受访谈的对象，结合访谈对象的背景设计访谈的提纲。

（1）访谈对象的选择

本研究的研究主题是高校慕课课程学习满意度指数，因此访谈对象的选择自然应该从参加 MOOC 学习的高校学习者群体中进行。研究采用了"目的抽样"的方法，从 799 名参与调查的学习者中抽取样本进行访谈，以确保每个样本都具有典型代表性。虽然作为样本的受访者不可能百分之百代表整个群体，但样本的选取可以帮助我们研究分析和探索不同背景、不同特点的学习者对 MOOC 学习满意度的反应和感知。正如前文所述，本研究在半结构访谈部分的研究目的主要在于验证 MOOC 学习满意度量化分析的结果并探索现象背后的本质原因。因此，根据这一目的抽取的样本应该同时具备全面性和针对性这两个标准。

① 全面性体现访谈样本的普适意义。

本研究的实证调查是通过在群体调查样本中分层抽样的方法在所有回收问卷的学习者中展开的，因此访谈对象来源于参与过调查的学习者群体，根据被调查学习者问卷的作答情况，抽取具有代表性的样本。在此基础上，性别、年级、学科大类和学校类型是访谈样本抽样中仍然需要考虑的因素，这样才能够全方位、多角度地选取被访谈样本，使得本研究进行的访谈在不同维度下均具有代表性。此外，本研究的访谈样本并不局限于学习满意度极高或极低的学习者，而是兼顾各个水平，从而确保在不同体验水平上的代表性。

② 针对性使得样本能够针对具体问题做分析。

在保证访谈样本全面性的基础上，针对性是必须考虑的问题，这二者之间并不矛盾。正是因为抽取样本时考虑到学习者在满意度指数、性别、年级、学科大类和学校类型上的不同，才使得访谈样本既能够尽量顾及所有维度，又可以根据样本在不同维度上呈现出来的特征进行问题改进，还可以根据样本在不同特征上的反应进行追问，这不仅能体现半结构访谈的精髓，而且能够凸显访谈提问、资料分析和问题研究的针对性。

通过学习者在 MOOC 学习平台上留下的电子邮件及电话号码（只有部分有电话号码），我们与部分符合本研究抽样条件的 MOOC 学习者取得了联系，并在抽取样本时多抽取了 1~2 个学习者作为备选项，充分保证在同一条件下有足够的样本，有备无患。最终本研究从参加问卷调查的 799 份有效问卷中，从 2018 年春季课程学习者中选取了 19 名 MOOC 学习者有效样本进行了面对面访谈、电话访谈或网络访谈。样本中包括 5 名满意度指数为 1~3 的学习者，其他 14 名学习者满意度指数为 4~5，这些学习者主要分布在福州大学至诚学院、华中农业大学、辽宁何氏医学院、曲靖师范学院、哈尔滨工业大学、江苏大学及扬州大学等 7 所高校；性别分布基本均衡，男生 9 人，女生 10 人；年级分布涉及大一、大二和大三；学科涉及文、理、艺、工、农、医。考虑到选课特征，还选取了部分不参加修学分的兴趣学习者，从而保证抽取的样本全面又典型。

（2）访谈问题及提纲设计

深度访谈是一种带有很强目的性的研究型谈话，因此事先必须明确访谈目的及拟解决的问题，在明确研究问题的基础上设计出访谈提纲，以便访谈顺利进行，并且不会偏离研究主题。

① 研究问题的设计。

研究问题不同于访谈问题，研究问题通常以理论语言来表述，访谈问题则应以受访者的日常语言来表达。本研究的 MOOC 学习满意度来源于学习者课程参与后与参与前期望之间的差距及对学习过程的心理体验，并以满意度指标的形式反映学习者对学习过程和学习状态的认知和评价，因此访谈的研究问题设定为以下 4 个：第一，研究问题是基于学习者对 MOOC 学习过程及状态的认知，因此希望受访者能够通过语言描述自己 MOOC 课程的学习过程及学习状态。第二，对于满意度所涉及的不同要素，不同背景的学习者应该有不同的体验和判断，因此希望被受访者能够描述和评价这些要素影响 MOOC 学习的程度。第三，在描述和评价的基础上，希望受访者对学习过程中的现象作归因分析并能对初衷进行阐述，以便研究者能够深入分析原因。第四，在分析满意度要素重要性及归因的基础上，希望能为提升 MOOC 学习体验提供建议。

② 访谈提纲的设计。

根据访谈样本学习者的特征，结合研究问题，本研究采用从简单到复杂、从近期到前期、从具体到抽象、从不敏感问题到敏感问题的方式来设计访谈提纲，以便访谈双方能快速自然地进入情境。为了检查访谈问题是否与研究问题对应，采用访谈矩阵设计访谈提纲，用于将访谈问题映射到研究问题上，这些问题来源于研究团队 5 名不同研究者对 MOOC 满意度访谈的 6 个共识问题，每个问题的共识度都在 80% 以上。实际操作时将研究问题与访谈问题分别置于表格的行和列上，如果访谈问题与研究问题相关，则用"x"标志，本研究访谈矩阵如表 5-1 所示。通过访谈矩阵，研究人员可以评估访谈问题覆盖研究问题的情况，检查是否有过多的问题与某一个研究问题有关，而与其他研究问题有关的太少。在访谈实施的过程中，访谈提纲不是一成不变的，这些访谈问题不是机械地出自研究问题，而是需要在访谈的过程中根据访谈的实际情况动态调整。附录 2 为研究开始时指定的访谈提纲，经过对本校志愿者的试访谈及和专家的交流，发现部分问题过于封闭，有的问题甚至是判断式的二分问题，这些都不利于受访者打开思路，畅所欲言；还有的问题较宽泛，受访者的回答很难聚焦。经过专家指导后，最后的访谈提纲调整为以受访者参与 MOOC 学习经历和感受为主的 10 个问题（见附录 3），再次通过本校志愿者试访谈后发现，所有问题志愿者确实都能够回答，并真实地了解到访谈所需的时间为 50 分钟左右。

表 5-1　访谈矩阵

	研究问题	学习满意度主要来源	不同群体满意度要素重要性描述	不同群体满意度要素重要性归因	为提升学习满意度提供建议
1	学习概况	x			
2	学习动机	x	x		
3	学习状态		x	x	
4	学习内容	x		x	x
5	教学模式	x	x	x	x
6	师生互动	x			x
7	生生互动	x	x	x	
8	平台情况	x			x
9	忠诚情况		x	x	x
10	自我评价		x	x	x

（3）访谈过程

有了具有对话性且能引出与研究问题相关的信息的访谈提纲，就可以开展访谈活动了。与学习者取得联系时，首先表明本研究的访谈目的，以消除对方的警惕；邀请学习者参加访谈时，研究者先征求他们的意见，然后按照他们所倾向的时间、地点、方式进行访谈。

由于访谈者所在学校位置比较分散，所以除了愿意接受面谈和电话访谈的 8 位同学（江苏地区占大多数）外，其他 11 名同学采用了 QQ 或微信语音留言的网络访谈方式。不同的访谈方式不仅解决了时间、空间条件限制的问题，给予受访者更大的自主权和选择权，而且受访者不受打扰更利于他们有时间安静思考，充分畅谈。面谈地点主要在教室，每次访谈时间大约 50 分钟，有兴趣的学习者访谈时间会稍长；电话访谈时间主要在傍晚，地点选取在办公室，使用免提方式进行电话访谈。被访谈的学习者大多对于 MOOC 学习有较浓厚的兴趣，愿意倾诉心声，有的还非常关注研究的进展和成果。作为感谢，本研究向面谈的受访者赠送了小礼物，对于网络和电话访谈的学习者则使用微信红包作为感谢。

5.1.3　访谈资料整理与分析

在访谈的过程中，本研究使用笔录和现场录音的方式同时记录访谈内容。笔录主要使用 iPad 中 Notability 软件记录受访者言语的关键词，使用 iPad 的好处是研究者可以边记录边录音，而且记录关键词的同时会自动记录时间信息，便于文字和录音同步，后期只要点击记录的关键词就可以回放当时的录音，这样在整理访谈笔记时就能确保受访者的观点被准确完整地记录下来。

（1）整理访谈资料

对 19 位受访者进行访谈后，QQ、微信及 Notability 中会形成大量的资料需要整理。一般使用 WORD 软件，表头记录受访者特征信息（性别、学校、年级及专业等），按照访谈过程对每个问题进行整理，访谈者提出的问题用红色粗体呈现，受访者的回答用黑色正常字体呈现，访谈过程中受访者重要的表情或肢体动作备注在受访者语言文本后。在整理访谈资料的同时，使用 WORD 的批注功能对受访者语言中的信息进行适当归纳。根据研究保密原则，仅使用访谈者编号对最终访谈结果进行呈现。

（2）构建访谈分析框架

本研究采用描述与归因的方式，对 MOOC 学习满意度访谈部分进行建构描述性分析，主要体现学习者在学习满意度方面的学习状态、总体情况及对满意度各要素的不同体验和判断，从而验证上一章得出的 MOOC 学习满意度指标模型。归因性分析是对不同受访者在学习过程中的现象作分析并对其初衷作描述，从而深入分析 MOOC 学习满意度在不同人群中的形成机制。具体访谈分析路径如图 5-1 所示。

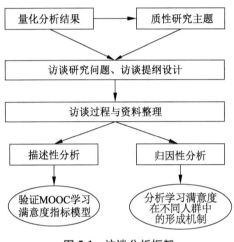

图 5-1　访谈分析框架

5.1.4　访谈的信效度与伦理

作为实证研究的一种重要研究方式，质性研究必须讲求研究的信效度、推论和研究伦理。也就是说，本研究的访谈应充分遵照真实性、可靠性、代表性和相关的伦理道德，以充分保证研究的科学性和方法使用上的规范性。

（1）效度

定性研究的效度意味着工具、过程和数据的"适当性"。例如，研究问题是否对期望的结果有效，方法的选择是否适合要研究的问题，设计是否适用于当前研究，抽样和数据分析是否合理，最终的结果和结论对于样本和上下文是否有效。本研究通过寻找参加 MOOC 课程的学习者，详细记录访谈过程并进行资料整理与编码，从研究方法适切性到研究对象选择设计再到研究过程最后到资料分析，每个阶段都小心处理，尽可能地保障了质性研究的效度。

（2）信度

在定量研究中，可靠性是指过程和结果的准确性和可复制性。在不同范式的定性研究中，这种可靠性的定义是具有挑战性的，在认识论上也是反直觉的。因此，定性研究可靠性的本质在于一致性。在定性研究中，相同的方法论和认识论应用在本体论上是相似的，但在相似维度上又存在差异，这说明结果的可变性是允许的。因此，研究人员必须通过不断的数据比较来验证它们在形式和上下文方面的准确性。本研究基于学习者对于学习过程的参与和体验，体现出学习者的主体性及 MOOC 课程学习的过程性，访谈数据全部来自科学抽样样本，与现实相符。

（3）代表性

质性研究的代表性主要通过是否能形成推论和如何推论来实现，力求对研究范围以外的人和事亦具有借鉴意义，即一个研究中的发现在相似（时间、地点、人物和其他社会环境相似）的理论下可以推广到另一个研究中的程度。本研究在理论推论上力求做到由个性抽取共性、从表层达致深层的推论呈现方式。

（4）研究伦理

深度访谈作为质性研究的方式，必须考虑研究中的伦理道德问题，以检视研究是否符合伦理道德。本研究的访谈遵循自愿和不隐蔽原则、个人隐私和保密原则、公正合理原则及公平回报原则，坚持充分尊重受访者、珍惜受访者给予的信赖，从而积极调动和维护受访者的参与意识。

5.2　MOOC 学习满意度访谈的描述性分析

深度访谈的优点是可以通过记录交流中语言、表情和肢体动作传达的信息，分析挖掘这些信息背后的规律与原因。下面本研究将通过对 19 份访谈材料的整理与分析，详细论述 MOOC 课程的学习过程及学习状态，描述和评价影响 MOOC 学习满意度要素的重要程度，以验证第 4 章的 MOOC 学习满意度指标模型。

5.2.1　学习高满意度低完成率成因分析

通过第 4 章对 MOOC 满意度的量化分析，研究发现目前学习者对于 MOOC 学习总体满意度均值为 4.04，达到了"满意"的状态。同时研究还发现本课程的完成率仅为 20.67%，是什么原因导致 MOOC 课程学习的满意度高而完成率低呢?

　　本研究从被动学习与主动学习、课程完成与未完成 2 个维度对学习者进行分类（见图 5-2），分别为主动且完成学习的"主动快乐学习型"、主动未完成学习的"自由随想随学型"、被动完成学习的"被动功利学习型"、被动没有完成学习的"拖拉半途而废型"。除此之外，还有除了选课再也没有出现过的"爽约神秘消失型"。通过访谈，对这 5 类学习者进行对比分析，探寻 MOOC 课程学习的满意度高完成率低的原因。

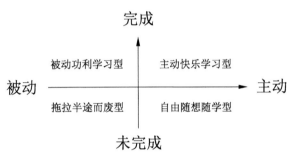

图 5-2　访谈学习者分类

　　以下引用材料都来自整理后的访谈文件。材料后方括号中有 2 个编号，前者表示访谈者的序号，后者为引用材料在原访谈文件中的页码。

　　（1）主动快乐学习型

　　这部分学习者课程学习动机水平比较高，兴趣是他们选择课程的主要原因。这部分学习者能积极主动按时参与 MOOC 学习，且非常享受整个学习过程。

　　学习过程我觉得很愉快啊，我之前就非常喜欢唐诗宋词，老师讲课又幽默风趣，每周都看。[14，59]

　　还不错，挺好的，平时学习压力比较大，这门课听得比较轻松，当休闲了……[8，33]

　　作业一般都是选择题，比较简单，很多知识早就知道，而且答案都在视频和 PPT 里，无压力。再不行还可以百度嘛，百度上啥都有。[19，84]

　　从上面节选的访谈内容可以看出，由于兴趣的支撑，他们觉得课程学习比较轻松，甚至将课程当作一种减压的方法，由于课后作业也很简单，因此不会给他们带来任何负担，他们有的甚至像"追剧"一样学习 MOOC 课程，这类学习者一般都能完成课程学习，对课程有较高的满意度。

（2）被动功利学习型

这部分学习者主要以修学分为主，他们选课的目的就是要拿到最后的证书换取学校的课程学分或平时成绩。这部分学习者学习比较被动，也很"功利"。

班主任叫我们选的，每个同学都要选 2 门，说要用课程最后的证书换取选修课网络学习学分……为了学分，不学也得学……作业可以自己做，也可以看舍友的，都一样。[10，39]

选修课老师介绍我们选的，对内容也没什么期待，老师让选我们就选呗……总体还好，APP 每周提醒，手机学还蛮方便的。[3，9]

你也知道的，咱学医的学习负担特别重，目前咱对大学学习生活也不是很适应，但为了学分，没法子……视频有时间就瞧瞧，没时间就开着放那过会点下。作业？网上有现成的答案……每次都是课程截止前才想起来去做，不过也有忘记的时候。[7，28]

从上面节选的访谈内容可以看出，他们学习的目的就是学分。为了拿到学分，大部分同学都没有认真学习，而是想办法完成网络考核需要完成的任务，这种带有"功利性"的被动学习虽然最终完成了课程的学习，但并没有达到选课课程要求的初衷，这或许就是本课程完成率（20.67%）比其他 MOOC 课程完成率（10%左右）高的原因。这类学习者一般也都能完成课程学习，对课程有较高的满意度。

（3）自由随想随学型

这部分学习者主要以兴趣学习为主，选课的目的大多是补充和完善自己关于选课课程的知识体系。他们往往是"按需学习"，不为学分而来，因此他们的学习行为就是来去自由，想看哪就看哪。

觉得和自己专业相关就选了，其实我们有唐诗宋词相关专业课，我就是好奇网上是怎么讲的……课程的趣味性不错，通识课嘛，都比较简单、易懂、有趣……我都是看标题，觉得哪儿自己感兴趣就去看看，不会从头到尾看……我从来不做作业的，这么说我是不是个坏学生啊。[16，67]

自古园林设计与中国古代文化就是密不可分的，我也是对这块感兴趣才选的……听老师讲讲故事挺有趣的……看时间，有时间就多看点，没时间就挑些自己喜欢的看……我不要证书，学到内容就行啦，要不要证书我无所谓。[5，67]

从上面节选的访谈内容可以看出，这类学习者的学习行为不受课程约束，他们只会挑选课程中感兴趣的部分内容进行学习，一般不完成作业也不参加课程讨论，很多关于 MOOC 课程完成率低但满意度高的原因应该和这部分同学的存在有很大关系。这类学习者一般都不能完成课程学习，但对课程有较高的满意度。

（4）拖拉半途而废型

这部分学习者也主要以修学分为主，他们选课的目的同样是要拿到最后的课程证书，但由于各种原因，他们没有坚持到最后。

刚刚选课后的几周学习还挺认真的，到后来，没人提醒加上平时实践活动比较多，慢慢就放弃了。[4，5]

这门课好坑的，有一次不学成绩就会掉好多，有一周我忘了学了，结果分数就掉了很多，想想这样到最后也难拿到证书，就放弃了。[9，37]

我这人自我约束力比较差，课程还挺有意思的，就是总能找到不看的理由……我现在想来好像平时也没那么忙，归根结底还是自控力差，平时缺乏时间管理。[18，78]

从上面节选的访谈内容可以看出，这类学习者在课程开始时热情满满，但随着时间的推移，他们渐渐放弃课程的学习，放弃课程学习的最主要原因是时间问题，也有部分学习者归因为课程问题。这类学习者一般都不能完成课程学习，对课程满意度也较低。

（5）爽约神秘消失型

这部分学习者出于兴趣学习或修学分的都有，且数量相当，他们只在选课的那一刻出现过，之后就再也没有出现在课程的任何学习活动中，这类神秘爽约者线上没有任何活动，因此只能通过线下访谈来探寻背后的真相。

学校规定要选 2 门网络选修课程，当时选的时候看这个课程名字挺有意思的就选了，后来我又选择了其他课程，所以就没有参加这门课程的学习。[12，49]

选课后听学长说在课程结束的时候可以突击完成课程任务，所以开始就没看，直到最后课程关闭了，我才意识到我还没参加学习，但都晚了。[1，2]

当时学院要求在网上选课，我就在网上选，我挑选了好几个平台，好大学在线是其中一个，我记得当时还有中国大学 MOOC 等其他几个，记得好像是先在好大学在线选的，注册后发现内容我不喜欢，才又挑选了其他平台，依稀记得最后好像是在中国大学 MOOC 上学的，好像……［17，73］

这部分学习者主要是出于对平台或课程的挑选，选课后发现课程或平台不合适从而导致爽约，当然也有部分学习者是因为自身原因没有参加MOOC 课程的学习，但这类爽约的人群中，更多的是课程试选引起的课程未完成。

研究还发现，访谈的 19 名学习者除了 1 名"拖拉半途而废"外，其他学习者都认为他们的学习过程是满意的，如图 5-3 所示。即使是"爽约神秘消失型"的学习者，他们也一致认为是自身原因导致最后课程没有完成，这就是最终导致 MOOC 课程学习的满意度高完成率低的主要原因。当然可能还有另外一个隐性的因素，愿意参加问卷调查的学习者大部分都是对MOOC 学习比较满意的学习者，可能存在"幸存者偏差"。这两个因素直接导致满意度与最终课程完成度极度不匹配。因此，在对 MOOC 课程进行评价时，脱离实际具体问题，单纯仅看课程完成度指标是不科学的。

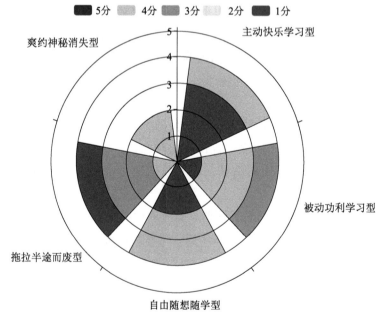

图 5-3 不同分类学习者满意度分布

5.2.2　满意度指数模型要素的访谈分析

在第 4 章 MOOC 学习满意度指数模型中，研究发现能力需要、感知有用对 MOOC 满意度的形成有巨大影响；关系需要、自主需要、感知易用和期望确认对 MOOC 满意度的形成有一定影响；而自我效能则不能影响 MOOC 学习满意度。在访谈分析部分，我们通过对访谈数据的分析，检验上述要素是否影响 MOOC 学习满意度，然后进一步对相关影响因素重要性进行验证。

（1）实用主义至上

通过对访谈资料的整理分析，研究发现学习者在选择课程时最重要的考虑因素是选择这门课有没有用。只要是对学习者有用的，不管是能获得学分还是能获得知识，在没有特殊原因的情况下，学习者对课程的学习都是比较满意的。

学习过程我觉得很愉快啊，我之前就非常喜欢唐诗宋词……我觉得整个学习过程还是开心顺利的。[14，59]

部分内容挺不错的，现在我还对课程中"人生得意须尽欢"的部分内容有印象……老师也讲得挺好的……虽然我对证书没兴趣，但我基本把课程看完了……我觉得我表现挺不错，如果有时间，部分内容我还要去复习复习呢。[5，18~20]

今年要考研，最近在网上选了"高等数学"考研课程……听老师讲总比自己看强……课程知识体系非常全面……主讲老师也不错，条理清楚，没有一句废话。[13，52~54]

从上面节选的访谈内容可以看出，学习者在选择课程时一般都有其目的性，可能是修学分的需要，也可能是学业发展的需要，或者是出于兴趣。学习者有了这些内部或外部动机，一般都能比较自律地进行课程学习，他们对课程的满意度其实是一种 MOOC 课程内容对他们需求满足的确认，这恰恰能验证 MOOC 学习满意度指数模型中"能力需要、感知有用对 MOOC 满意度的形成有巨大影响"的结论。

（2）课堂组织多元

在课程内容满足学习者要求的情况下，学习者对 MOOC 课堂的呈现有一定要求，多样化的课程组织令学习者感到满意，那种线下课堂录制翻版的课程，学习者会觉得学习体验差。

最近参与的 MOOC 啊，很久没有使用 MOOC 了……早前网上选了一门课程，也是学校老师要求的，觉得没啥意思……就是一个老师在屏幕上不停地讲啊，觉得很无聊……你说唐诗宋词那门课啊，那门课好像还可以，有动画啥的。[8，32~33]

我正在学谢幼如老师的一门教育技术的课程……谢老师课程组织比较多元有趣，主要以微课为主，每个视频 5~8 分钟，便于碎片时间学习……总体感觉嘛，当然是满意的。[18，77~79]

就老师在黑板上讲，数学课也不能咋样，老师在课程中提供了电子版模拟试卷和讲义……印象深刻？对，这门课有直播，还可以开弹幕呢，当然主要以录播为主。[13，52~54]

从上面节选的访谈内容可以看出，课堂组织形式对学习满意度有着非常重要的影响。MOOC 课程的课堂组织形式在某种程度上会折射出课程制作者对这门课的重视程度，在线学习者认为好的课堂组织是对他们的尊重，线下课堂的实录会让学习者感到无趣和排斥，这从侧面反映了 MOOC 学习满意度指数模型中"自主需要、感知易用对 MOOC 满意度的形成有一定影响"。

（3）互动学习深入

关于在学习过程中是否需要师生互动或生生互动，不同的学习者虽然都认为学习的过程中需要互动，但在实际学习中都很少参加互动。另外，他们认为目前 MOOC 课程的互动仅停留在表面，缺少有意义的互动，而且这种互动有和没有并没有太大差别。

没有互动，课程内容都比较简单，没什么想问老师的，而且据说问了也没人回答……[5，74]

好像有参加过课程讨论，这算么？……就是每节课都有一个和课程内容相关的话题，要求参与者参与讨论，这个也是考核项，不少人都是最后上去刷评论……我从来不看别人的评论……自己一个人看，有时在图书馆用 Pad 和同学一块看……关于课程内容没什么交流。[9，37~38]

没什么交流，好像我从来都没跟课程老师交流过……最需要老师帮助的？最后给我成绩高点才好……其他，课程内容有疑问的时候，其实也没什么疑问，要是真有疑问就问问同学。[4，15~16]

从上面节选的访谈内容可以看出，由于现阶段 MOOC 课程的受众比较宽泛，内容相对比较简单，因此学习过程中讨论非常少，即使有，很多也是为了完成任务而被动参与的，为数不多的主动发帖中更多充斥着和课程内容无关的问题（大多为课程管理的问题），零星的那些和课程相关的问题也很少有人回答。当然这样的结果很有可能与学习者所参与的 MOOC 课程类型有很大关系，但现有课程缺少有意义的互动是不争的事实。这正是对 MOOC 学习满意度指数模型中"关系需要对 MOOC 满意度的形成有一定影响"的访谈体现。

5.3　不同群体 MOOC 学习满意度访谈归因分析

在第 4 章的研究中还发现，在满意度形成过程中，不同的群体之间会有差异，而且有的群体间差异非常明显。利用量化研究只能从数字上看出这种区别，那么究竟是什么原因导致的群体间差异呢？本节将尝试通过对访谈资料的梳理与发掘，寻找形成这些差异的现实原因。鉴于样本量选择比较有限，部分群体之间的满意度形成机制的差异比较模糊。

5.3.1　性别差异

前文的研究发现，如果女性学习者对某个课程满意度较高，她们就会乐于向周围其他人推荐自己喜欢的课程，也愿意和学习过程中的其他参与者交流，这一点在访谈中也基本得到了验证。

我们一般在宿舍学习 MOOC 课程……我们宿舍同学基本都选了相同的课程……学习过程中可以互相帮助啊，课后的考试题都是相同的……去其他地方学习也是几个玩得好的一起去……好课程肯定会说……熟悉的可能都会说，这有什么藏着掖着的。[10（女），40~41]

一般和我闺蜜一起……我们一个宿舍的，平时我们都在一起，上课、吃饭、去图书馆都一起……有好玩的她都会告诉我……宿舍其他同学她们也都有自己的"小团体"……好东西当然要大家共享……有困难大家一起想办法。[11（女），44~45]

有几个考研的一起……平时很少会聊课程的内容，大家考的课程也不一样……好像也有考相同课程的，他们的情况不太清楚，在公共场合也没法交流……大家都各有各的事……在一起相互督促……遇到好课程，肯定会推荐……也不是，玩得好的会说，一般的就没必要了。[13（男），54~55]

一般都是自己看……好朋友还是有几个的……聚在一起没法看，在一起就想玩……课程没有觉得好不好，学校要求的，学完了有证书就行……如果真好还是愿意推荐的，但我估计推荐了那帮人也不会看。[6（男），23]

从上面节选的访谈内容可以看出，由于男女学习者心理结构的差异，在学习的过程中，女性学习者更注重关系、沟通、分享，她们的自我价值取决于她们的感觉和与同伴的相处方式，在学习中遇到问题后，她们会花费较多的时间来互相帮助。而男性学习者更专注于效率和成就，他们的自我价值则通过成就来体现，相比于女性学习者，他们在学习中遇到问题后，更愿意通过自己的努力独立解决问题。

5.3.2　专业差异

通过对访谈资料的分析可知，不同专业的学习者之间没有明显影响学习满意度形成指标及其重要程度的差异，但在 MOOC 课程的选择及学习规划上，两者之间有些不同。

我参加的都是老师让参加的课程……其他没有参加……没时间。[6（理），22]

我选择的课程比较多……和专业相关不相关的我都选……不相关的，比如有个关于中医与美容的课，我就选了……平时还好，课不是非常多，我就在网上选择一些课程来学。[16（文），65]

在中国大学 MOOC 平台，我选了不少课程……什么方面的都有，觉得好玩的就选……也不是每个都有时间学，挑些重点的看看……偏理工的课程？也有，我最近选了个关于微课制作的课程……说不定将来工作要用。[10（文），40~41]

之前参加过一些学校要求选择的课程……大一和大二忙得很，没有太多时间到网上选课……现在忙着考研，选了些和考研相关的课程……如果有时间，我也愿意选择一些文科的课程，他们看电影也是上课，非常羡慕他们……人文的课程还是蛮重要的，大一的时候作为通修课，也开过几

门……现在全是专业课了，满眼都是公式、符号。[13（理），52]

最近学的啊，大学英语课，好像是讲中外文化比较的课程……其他也没怎么学，要做实验，写报告……如果有时间可能会选点文科的课程吧，学习没压力，不用写报告，说不定也会选点我们这个学科比较前沿的课程，我一直想学合成生物学 [4（理），14]

从上面节选的访谈内容可以看出，文科学习者由于平时课程压力较小，他们参与 MOOC 学习的热情会比较高，而理科学习者由于平时学习压力大，根本没有时间参加课外的 MOOC 学习，这也从侧面反映出理科学习者为了完成繁重的学习任务只能通过时间管理来提高学习效率，他们一般都有比较确定的课程学习计划。相比较而言，文科学习者学习时间则相对随机分散，因此理科学习者更容易完成课程学习，取得课程证书收获较高的自我满足感，从而提升课程学习满意度。同时，研究还发现，文理科学习者在参加 MOOC 学习时都有选择不同学科课程的需求，但由于时间问题，理科学习者在"理想"课程和"现实"课程之间更多选择的是当下最需要的且和专业相关的课程。

5.3.3　其他差异

通过对访谈资料的分析可知，低年级学习者选择课程的主要目的是老师的需要或者是学校的要求，他们大多是被动参与 MOOC 课程的学习，由于现实的压力，他们中的大部分学习者都完成了 MOOC 课程的学习，取得了最后的课程证书。虽然过程是被动的，但结果他们是满意的。因此，低年级学习者的学习满意度会较高。而高年级学习者，MOOC 课程的选择是兴趣使然或者自己未来满足自我的实际需求，因此他们学习相对有动力，但部分同学由于缺乏监督加之自我放松或没有获得证书的需求，导致最后不能完成课程学习，但他们的学习满意度一般也比较高。

学习过程我觉得很愉快啊，我之前就非常喜欢唐诗宋词，老师讲课又幽默风趣，每周都看。[14（大一），59]

班主任叫我们选的，每个同学都要选 2 门，说要用课程最后的证书换取选修课网络学习学分……我最终拿到了课程证书……还算满意吧。[10（大一），40]

今年要考研，最近在网上选了《高等数学》考研课程……听老师讲总

比自己看强……课程知识体系非常全面……主讲老师也不错，条理清楚，没有一句废话。[13（大三），52~54]

关于学习终端，几乎所有参与访谈的学习者都使用了移动终端进行学习，有一位同学指出，他偶尔会用计算机来学习 MOOC 课程，因为课程资料的下载和打印需要在计算机上操作，因此访谈中关于使用不同终端满意度差异的研究无法体现。

偶尔用电脑，MOOC 配套的试题需要在电脑上下载打印，一般看视频我主要使用 iPad。[13，52]

关于课程选择数量，大多数受访者都在 5 门课程左右，唯独有一名同学，其参加 MOOC 课程数量达到 13 门（16 号同学），因为她参与的都是她自认为感兴趣的课程，而且只挑她需要的看，不受课程证书约束，因此这类学习者学习满意度一般都比较高。

我选择的课程比较多，大概 10 多门，肯定有，我后面确认下给你一个准确的数字……总体都是满意的……我只挑我想看的看，看多了也知道做个 MOOC 课程不容易，"人艰不拆"嘛。[16，65]

5.4　MOOC 学习满意度提升的访谈描述性分析

对于 MOOC 学习满意度的研究，不管是定量也好，定性也罢，其最终目的都是分析学习者满意度形成机制，找出形成机制背后的原因，为提高 MOOC 学习满意度提供建议。本节将结合之前的量化研究结果与 MOOC 课程满意度访谈结果对提升 MOOC 学习满意度给出相关的建议和实施路径。

5.4.1　以课程质量为核心，提供课程的扩展与定制，建设高品质 MOOC 课程

课程质量是 MOOC 学习满意度指数模型中感知有用的映射。俗话说，质量是产品的生命，课程质量就是 MOOC 是否优秀的一个非常重要的评判标准，因此无论多么强调 MOOC 课程质量都不为过。学习者选择学习哪门 MOOC 课程，主要取决于课程的内容，而不是看主讲教师的名气有多大、主讲教师所在学校的全球大学排名有多靠前。当然也有部分同学在无法判断内容质量时会通过主讲教师及其所在学校信息来辅助他们对是否选择课程、

选择哪门课程做决策。

我正在学谢幼如老师的一门教育技术的课程……我并不认识谢老师，我是觉得这门课内容不错……我一般不看哪个学校，哪个老师，我只看课程内容……也不是名校就名老师，名老师就能上好课，有的普通学校的普通老师的课程也非常棒。[18, 77]

要想制作一门高质量课程内容的 MOOC 并不容易，在这过程中不仅耗时耗力，而且需要大量经费的支持。为了制作 MOOC 课程，初期相关单位都有一笔专门的经费用于 MOOC 制作。但 MOOC 是免费开放的课程，一般很少有单位会为 MOOC 的运行预留资金，因此 MOOC 制作完成后，很多就不会再更新了。以后每年开课使用的都是相同的内容，即使在之前的运行中发现课程有些缺陷，或者随着时间的推移课程内容有所变化，但由于经费的问题（最大的问题），这些都不能及时反馈到现有的 MOOC 课程中。最直观的体现就是课程后面的习题多年都没有变化，一些"有心人"将这些习题答案上传到网络后，以后再选这门课的学习者就会直接找到答案，快速完成学习任务。因此，从课程第一次建设完成投入使用后，还需要关注后期的更新与维护，只有经过多次维护和学习者检验的课程才是优质的MOOC 课程。

视频有时间就瞧瞧，没时间就开着放那过会点下。作业？网上有现成的答案……每次都是课程截止前才想起来去做，不过也有忘记的时候。[7, 28]

现在是一个强调个性化学习的时代，这其中就包括学习内容的个性化。MOOC 课程是一个面向数以万计学习者的开放课程，选课的群体非常复杂。在 edX 平台上，大部分学习者在 20~30 岁，其中 70% 具有本科学位，部分课程的学习者中有 9% 是从事相关教学的老师，还有的学习者是毕业后从事相关工作的在职人员。面对如此复杂的受众群体，如何才能设计出满足大部分学习者需要的课程？课程的定制与扩展为这个问题的解决提供了一个思路。学习者可以把自己关于课程的需求以适当的形式（E-mail/留言）告诉课程的主讲者或者课程维护团队等课程实施者，课程实施者经过评估后，对于可以满足要求的内容，可以以有偿的方式为这些特殊的学习者提供课程的扩展定制，以满足不同学习者的不同学习需求。

5.4.2　以有效学习为目的，提供多种课程评价方式，建设高弹性 MOOC 课程

有效学习是 MOOC 学习满意度指数模型中能力需要的映射。目前 MOOC 课程采用的是定期开课的方式，学习者只有在选课后才能参加课程的学习，可以是申请证书的学习，也可以是兴趣学习。如果要获取课程证书，则学习者不仅需要按照课程要求定期完成课程中的各项任务，而且需要缴纳一定的费用。目前这种运行模式有几个弊端：第一，大部分课程都是以往课程内容的重复，重新开课的目的是通过技术手段将不同时间参加 MOOC 的学习者隔离，被隔离的学习者就被限制，只能按照本次开课的进度和安排进行学习，无法按照学习者自己的计划和流程对课程进行学习。第二，课程学习方式只提供兴趣学习和证书学习两种模式，这两类学习者都会参与到 MOOC 课程完成率的计算。通过访谈研究还发现了一类新的以试听为目的的学习者，或许他们只是想通过试听从而比较哪几门课程更适合他们，但他们并没有想真正参与课程学习，试听的结果是他们可能只会参加一次课程学习甚至一次都不参加。第三，现阶段课程的评价主要以课程中各项任务的完成情况为依据，如果有的学习者只想参与课程部分章节的学习，该如何评价呢？评价模式是以选择题为主的客观评价为主，这种评价的可靠性有多高呢？

专业课程会选一些，感兴趣的课程也会选……注册进去看一下，合适就看，不合适就重选……［19，84］

课程每周更新一次，其实内容比较简单，没有太多内容……以前的课程看不了……［14，58］

这门课好坑的，有一次不学成绩就会掉好多，有一周我忘了学了，结果分数就掉了很多，想想这样到最后也难拿到证书，就放弃了。［9，37］

因此，针对上述问题，我们需要重构课程管理流程，打破选课时间屏障，让学习者可以在不同时间的开课安排之间自由穿梭，以他们的计划自主学习。例如，提供试听模式，定期采集试听学习者的学习感受以改进课程（和已经选课的学习者不同，没有选课的学习者的意见往往比较真实），试听的过程中学习者可以随时选择进入正式学习或退出学习，对退出学习的学习者相关信息不予记录，避免后期统计偏差；提供多种形式的评价方

式，充分考虑到兴趣学习与证书学习之间的差异，课程作业的完成及课程完成率不是评价的全部，应该探索以开放问题讨论为主、以质量为先的课程评价方式。

5.4.3　以自主学习为宗旨，优化知识的组织与呈现，建设微学习MOOC 课程

自主学习是 MOOC 学习满意度指数模型中自主需要的映射。随着技术的发展，我们的生活方式、学习方式正被重塑，传统课堂的正式学习方式正受到巨大冲击，非正式学习正成为一种新的学习方式，慢慢影响着我们的教育。非正式学习强调学习可以在任何时间、地点发生，而不一定发生在结构化和有组织的环境中。因此，为了迎合非正式学习的要求，需要摒弃基于课堂录制的"满堂灌"，充分发挥技术优势，对原有知识进行解析解构与重组，建设以微视频为主的多形态知识呈现，以帮助学习者更便捷更有效掌握更多的知识，并提高知识检索的能力。目前非正式学习以微学习为主，它把课程分割成更短的以行动为导向的模块，并提供多设备支撑及丰富媒体的课程资源。微学习为学校外学习者特别是在职人员提供了一种友好的移动学习的方式，在职人员在任何时间和任何地方都可以学习以获得他们需要的任何技能。

我正在学谢幼如老师的一门教育技术的课程……谢老师课程组织比较多元有趣，主要以微课为主，每个视频 5~8 分钟，便于碎片时间学习……[18，78]

觉得没啥意思……就是一个老师在屏幕上不停地讲啊，觉得很无聊……[8，32]

5.4.4　以学习理论为指导，借鉴成功社交软件模式，建设强社交MOOC 课程

互动方式是 MOOC 学习满意度指数模型中关系需要的映射。现有的主流 MOOC 课程主要分为两类：xMOOC 与 cMOOC。xMOOC 以行为主义学习理论为指导，强调知识的传递，学习过程是将特定的内容从专家传递给学习者，这类课程与传统的课堂类似，学习者通过观看预先录制的课堂视频并完成相关课程评估（如测试）来完成学习。目前绝大多数 MOOC 课程采用的是 xMOOC 这种形式。cMOOC 以联通主义学习理论为指导，联通主义认

为学习是知识合作与创新的过程，知识在连接中产生，学习者在其中发挥着积极的作用；知识传递不是目的，重要的是持续开展活动，让众多的学习者围绕特定的学习主题，借助社交网络和深度讨论等方式推动有效学习。目前大多数 MOOC 课程都已经背离联通主义教学理念，它们是传统教学的延续。

印象深刻？对，这门课有直播，还可以开弹幕呢，当然主要以录播为主，课程会不定期进行直播答疑。[13，52～54]

通过对访谈资料的整理发现，现在 MOOC 学习者普遍认为在线学习缺乏真正的交流，到课程的讨论版中发表主题、跟帖成了强制性要求，由此可以想象到为了获取平时分而被动去交流的质量。反观现有的社交软件平台，如微信朋友圈、抖音等社交平台，为何它们能如此成功？归根结底，现有平台的互动太过于形式化，使用太麻烦，形式太单一。第一，讨论区和视频观看等学习区域是分离的，视频看到一半如果有问题一定要先关了视频或者重新打开一个窗口才可以互动，而且互动只能发文字。这点可以借鉴直播平台的经验，可以不定时对普遍存在的问题进行直播答疑，在答疑的过程中，在线学习者也可以开弹幕，加强授课团队与学习者的实时在线交流。第二，没有属于自己的个人网络学习空间，缺乏普遍意义的社交功能，学习者没有一个展示自己学习成果的空间，可以借鉴微信朋友圈设计一个"MOOC 同学圈"供学习者在线实时交流。

5.4.5 以服务用户为驱动，加强学习的监控与分析，建设高智能 MOOC 课程

随着大数据的应用普及，很多行业（如金融、零售）都发生了巨大的变化。但一直以来，教育领域是在大数据中受益最少的领域之一，缺乏"数据驱动的思维（data-driven mind-set）"是教育领域当今面临的主要障碍。相对于流程清晰规范的金融系统，教育是一个超级复杂的系统，各类教育实践活动产生了比金融行业要多得多的数据。因此，如何利用好教育数据，并从中发掘其背后的教育规律成了研究者最近关注的重点。自 2010年起，学习分析（learning analytics，LA）逐渐从分析领域独立出来，并吸纳数据挖掘、社会网络分析、统计分析等多种分析方法，形成了一个独立的新兴领域。从此，学习分析作为分析技术在教育领域中的应用和发展，受到越来越多研究者的关注和重视。

　　Siemens 把 LA 定义为关于学习者及他们的学习环境的数据测量、收集、分析和汇总呈现，并认为 LA 的目的是理解和优化学习及学习情境。按照 Siemens 的观点，LA 的主要应用是监测和预测学习者的学习状态及过程，及时发现潜在问题，并据此做出干预，以防止学习者在学习中产生风险。在 MOOC 课程中，结合人工智能的学习分析，通过跟踪学习者的反应来收集有关学习者行为的具体信息，不仅可以为在线学习者提供最佳的课程节奏和内容，满足每个学习者的需要，还能评估目前在学习者行为和答案判断中的薄弱环节，诊断出学习者犯错误的原因，为学习者提供智能的 MOOC 学习空间。例如，基于学习分析的画像技术是目前比较流行的一种大数据应用技术，是根据用户在互联网上留下的各种数据，通过主动或被动地收集，加工成一系列的标签（标签通常是人工定义的高度精炼的特征标识），通过这一组标签对用户进行精准的刻画，利用画像技术可以实现对学习者学习状态的精准识别，并为其提供精准的推荐服务，实现精准指导与干预，从而使教学更加个性化。因此，通过学习分析，可以提高平台的"感知易用"程度，同时也可以为提高学习者"自我效能感"奠定基础。

5.5　本章小结

　　本章利用质性研究方法进一步对 MOOC 满意度进行了描述性与归因性研究，为高等教育教学中 MOOC 课程质量的提升提供了切实可行的路径。首先，通过对半结构访谈的叙述，说明了本研究利用半结构访谈的适切性，并详细介绍了访谈对象的选取、访谈资料的整理及访谈分析框架的构建。其次，通过对访谈资料的分析，描述了学习者总体学习满意度基本状态及类型，并将学习者分为主动快乐学习型、被动功利学习型、自由随想随学型、拖拉半途而废型及爽约神秘消失型等 5 种类型，对他们的特征进行了分析。再其次，从访谈的结果中总结出形成学习满意度的 3 个特点——实用主义至上、课堂组织多元及互动学习深入，并从不同性别、不同专业等方面对不同群体学习满意度形成差异做了归因分析。最后，从访谈中提炼出 5 个可以提升 MOOC 学习满意度的方法，以期将 MOOC 建设成为高品质、微学习、高弹性、强社交、高智能的新型 MOOC。

第 6 章　MOOC 学习满意度动态评估方法探索

根据第 4 章得出的 MOOC 学习满意度指数模型可知，满意度有两个输出：忠诚度和持续使用。忠诚度是满意度和持续使用的中介变量，即 MOOC 学习环境下的持续使用行为最终是 MOOC 学习满意度及自我效能的直观体现，而且通过问卷进行满意度测量只能反映测量时刻的满意度（即静态的满意度），但在学习的过程中，满意度可能会随着时间的变化而变化，如果想动态地随时了解学习者的学习满意度，仅通过问卷调查的方式是很难实现的。因此，本章试图利用基于学习大数据的学习分析技术，探索 MOOC 学习满意度的动态评估方法。

6.1　从学习满意度评估到持续使用预测

通过对第 3 章与第 4 章的模型分析可以看出，持续使用行为受满意度影响最大（受自我效能影响很小）。若学习者有较强的持续使用行为，则说明该学习者对课程有较高的满意度；若持续使用行为较弱，则表明该学习者的满意度可能较低。因此，通过学习分析的方法对学习者学习行为进行动态分析，可以评估学习者持续学习的能力，从而间接评估学习者的学习满意度，形成动态的学习满意度评估方法，如图 6-1 所示。

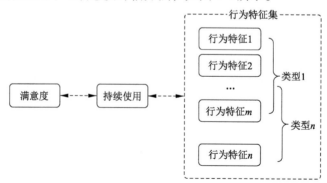

图 6-1　MOOC 学习满意度指数模型动态评估方法研究框架

综合上述，一方面，通过研究内在满意度的外显变量"持续使用"的影响因素，分析学习者在平台上的各种行为特征，可以得出不同类型学习者持续使用的能力，从而动态评估学习者的在线学习满意度。另一方面，通过对学习者持续使用行为的分析，可以探究不同持续使用学习者的行为特征，通过对不同行为特征的识别，不仅可以识别该学习者的持续使用水平，而且可以对不同类型学习者的学习行为进行干预（精准学习资源推荐、师生互动反馈、动态提醒），以满足其能力需要、自主需要及关系需要，最终达到提高 MOOC 学习满意度、提升 MOOC 课程学习完成率的目的。

6.2　RFM 模型在学习分析领域的应用

一般来说，网络学习行为与网上购物行为是相似的，忠诚和高贡献的顾客是经常在购物网站上访问和购物的人。同样地，努力学习的学习者是经常访问学习网站并花费大量时间学习的人。RFM 模型是一种客户价值的分析框架，它在商业领域为客户的消费行为提供了一种有效的分析方法。RFM 模型中有 3 个变量，分别是最近一次消费时间（R）、消费频率（F）和消费金额（M），被用来量化顾客的忠诚度和贡献。

RFM 模型既流畅又简单，可能是在不同领域复制其有效性和可靠性的根本原因。在学习分析领域，Chang 采用 RFM 模型并将其重新概念化为电子学习（elearning）的最近学习时间、学习频率、学时时长（EL-RFM）模型，以评估学习者在电子学习环境中的参与程度。为了量化学习者的在线学习结果，他将学习分析领域的 RFM 模型重新定义为 EL-RFM。EL-RFM 模型中包括：电子学习的最近学习（EL-R）、电子学习的学习频率（EL-F）和电子学习的学习时长（EL-M）。模型旨在测量学习者的学习动机，分析在线学习者的持续使用行为。Kim 等提出一种 LS-RFD 模型（学习风格-最近频率-耐用性）对学习者的活动水平进行分析和建模。该研究根据学习者的学习风格，提取教学活动的变量，并对其进行映射，最终根据教学活动来衡量学习者的喜好。这项测量基于每项学习活动的最近发生时间、频率和评价分数，从结果中提取用户特征，并根据教学活动进行分组，根据每个学习者的偏好和活动水平进一步分类。Toth 对 RFM 模型进行重新分类，采用最近变量和频率变量的分类流来识别在线学习行为，并对在线学习行为进行评分。这两个变量的分割分为 5 个部分：高（前 20%）、中高、中、中低、低（后 20%）。王锐等在 RFM 模型思想的基础上提出 MOOC 学习者忠诚度的度量指标，通过粗糙集理论中的属性重要度方法对各指标的权重进行计算，运用证据推理方法对各指标进行证据合成，度量出学习者的忠诚度，并通过"中国大学 MOOC"平台的学习者行为数据对学习者忠诚度度量方法进行实证。

6.3 持续使用行为特征分析框架

参照之前的研究成果，本研究重新定义了适用于教育环境的 RFM 模型，根据学习者的学习行为来衡量学习者持续使用的动力。通过重建的 RFM 模型，用机器学习算法对学习者进行聚类，通过聚类自动归纳出不同的学习持续使用类型，并将聚类后持续使用类型作为标签，对学习者除 RFM 外的学习行为数据进行分类，通过学习行为数据的分类规则寻找不同学习持续使用类型用户的基本行为特征，通过对行为特征的分析，寻找不同学习持续使用的用户行为大数据解释，并为其提供个性化反馈方案，最终增强不同学习用户的持续使用行为。本章基于大数据构建的 MOOC 持续使用行为特征分析框架如图 6-2 所示。

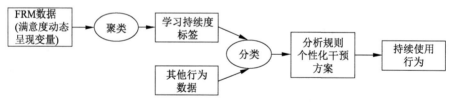

图 6-2　MOOC 持续使用行为特征分析框架

参照 Chang 的 EL-RFM 模型，结合 MOOC 学习的特点对在线学习的 RFM 进行重新定义，如表 6-1 所示。

表 6-1　在线学习 EL-RFM 模型定义

在线参与指标	特征	描述
最近学习（R）	即时性	新资源上传后，以第一个学习者访问该资源的时间为起始点，其他学习者的第一次学习访问资源的时间与起始点之间的间隔即为该学习者第一次学习该资源的时间

续表

在线参与指标	特征	描述
学习频率（F）	频率	指定时间的登录次数
学习时长（M）	持续时间	用于看视频、做练习及讨论问题的学习时长

（1）最近学习（R）

考虑到资源的发布时间不一定就是学习者可以学习的时间，因此本研究以资源的第一个学习者访问的时间为起始点，其他学习者的第一次学习访问资源的时间与起始点之间的间隔即为该学习者的第一次学习该资源的时间，该时间为相对时间，以小时为单位。最近学习反映了学习者能否迅速开始资源的学习，反映了学习的即时性。在本研究的数据样本中，约80%的选课者都能在 30 天内完成选课并开始学习，其中约 10% 的学习者在开课当天（和第一个学习者在同一天）就参与了课程的学习。

（2）学习频率（F）

鉴于在线学习的学习者开始学习和结束学习的时间非常不稳定，一般课程开始的前几周不断有学习者加入课程，所以变化较为剧烈，中期学习行为则趋于平稳，临近课程结束时会再次有较大的变化。图 6-3 显示了本研究所选在线课程学习者开始学习和结束学习时间的周次分布。从图 6-4 中可以看出，课程学习的第 4~7 周内，学习者的学习行为相对稳定，持续周数和实际参与周数曲线非常接近，这表明绝大多数学习者在开始学习到结束学习这段时间没有中断学习。因此，本研究选取课程学习的第 4~7 周内学习者的学习行为数据作为做聚类的数据。

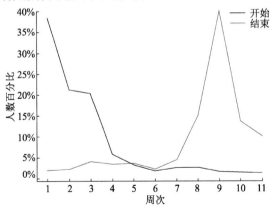

图 6-3　开始、结束学习时间周次分布

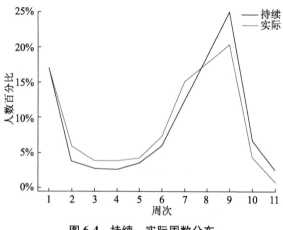

图 6-4 持续、实际周数分布

（3）学习时长（M）

学习者的在线时间并不是其学习的时间，学习的时间包括观看视频的时间、完成作业的时间及参与讨论的时间。因无法检测学习过程中学习者是否有其他和学习无关的行为，故本研究对学习过程只能做简单处理，选取打开视频和关闭视频之间的间隔计算为视频观看时间，选取作业开始及提交时间之间的间隔作为作业完成时间，选取打开讨论区到关闭讨论区时间间隔作为讨论时间（含查看讨论区和发帖）。

（4）其他行为指标

除了 RFM 模型所需要的指标外，本研究还从任务的完成情况、任务评价情况、互动情况、视频观看情况等方面抽取了 10 个维度的其他指标来表征学习者线上学习行为，如表 6-2 所示。本研究先通过聚类的标签对这些行为数据重新分类，寻找不同分类指标的差异，分析不同持续使用用户行为的典型特征，再通过不同类型行为典型特征的比较，给出不同类别用户间转换的策略。

表 6-2 在线学习其他行为指标

序号	指标名称	说明
1	客观题完成数	学习者完成的客观题数量
2	主观题完成数	学习者完成的主观题数量

续表

序号	指标名称	说明
3	客观题平均答题时长偏移	学习者客观题答题时间相对于平均时间的偏移
4	视频观看完成度	学习者看完视频数占总视频数的比率
5	视频平均观看进度	学习者视频平均观看进度（观看总时长/视频时长）
6	视频平均观看次数	学习者每个视频的平均观看次数
7	主观题被评价均分	学习者完成的主观题被他人评价后的均分
8	主观题评价他人平均次数	学习者评价他人主观题平均次数
9	发帖数量	学习者在讨论区发表主题的数量
10	回帖数量	学习者在交流区回复主题的数量

6.4　持续使用预测实证研究

本研究采用标准的数据挖掘流程对数据进行了处理：首先进行数据的收集与预处理，其次进行模型的训练与评估，最后应用模型。训练集和测试集来自同一数据源，采用 10 折交叉验证完成训练和评估，处理流程如图 6-5 所示。

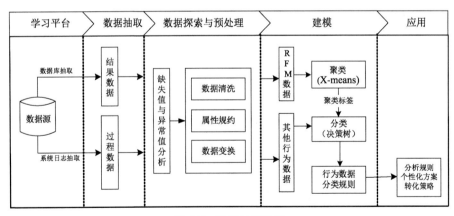

图 6-5　数据处理流程

6.4.1 样本定义

（1）数据的抽取

本章使用的数据与第 3 章 MOOC 学习满意度指数模型构建使用的数据为相同的数据源。本章使用的数据主要来自 2018 年以来选课的 2819 名学习者的学习数据。通过对平台系统数据库和网站日志的处理，提取了 2819 名学习者的在线学习行为数据，包括登录时间、登录次数、视频查看、资源访问、客观题答题、主观题答题、论坛讨论、主观题互评等相关学习过程及学习结果数据。

（2）数据的探索与预处理

一般原始数据集中都会包含大量缺失值和异常值，因此需要对原始数据的属性进行规约、清洗和变换。通过对原始数据的处理，最终得到表 6-2 所示的 10 个指标。原始数据包含 2819 个样本，经过初步清洗后发现，只有 1977 个样本有学习记录，另外 842 个样本为爽约者，这部分学习者注册了课程，却没有任何登录和学习信息，占总样本的 29.9%。

因为原始采集的数据量纲、取值范围都有很大的差别，所以不可以对原始数据进行直接处理。数据归一化是为了将不同表征的数据规约到相同的尺度内，其算法有很多种，本研究采用的是 Z-score 标准化（zero-mean normalization）算法。经过 Z-score 标准化处理的数据符合标准正态分布，保留了数据的原始分布，并且受异常值的影响较小。

6.4.2 数据处理

（1）聚类

现有文献中对学习者的分类大多采用了无监督聚类算法——K 均值聚类（K-means）。然而，K-means 存在以下局限：使用 K-means 需要预先指定 K 值，由于 K 值的估计是非常困难的，所以大部分做法都是使用不同的 K 值进行反复迭代计算，而且 K-means 往往收敛于局部最优解而得不到全局最优解。因此，本研究使用 X-means 算法，X-means 使用 KD-tree 加速原 K-means 的每一轮迭代，用户只需要指定 K 值所属的范围，算法就会根据 BIC score 选到最优 K 值，且每一轮迭代只进行 2-means，2-means 对局部最优解不敏感。

研究将 X 的范围设置为 2 至样本数 1977，以保证最大的适配性。使用

X-means 基于欧几里得距离计算方法，聚类后得到了 4 个簇（见图 6-6），戴维森堡丁（Davies-bouldin index，DBI）指数为 0.771，第 0、1、2、簇内部平均距离比较小，说明这 3 个簇收敛程度较高，第 3 簇的内部平均距离较小，说明在第 3 簇内收敛程度较低，簇内的成员变化较大，簇间的平均距离为 0.897。学习者分类质心表如表 6-3 所示。

图 6-6　*X*-means 聚类结果

表 6-3　学习者分类质心表

分类名称	开始周次（R）		登录次数（F）		学习时长（M）		分类标签
Cluster 0	2.435	↑	−0.668	↓	−0.966	↓	缺乏毅力者
Cluster 1	−0.052	→	−0.473	↓	−0.779	↓	敷衍者
Cluster 2	−0.463	↓	0.184	→	0.610	→	一般参与者
Cluster 3	−0.243	↓	4.112	↑	1.765	↑	积极参与者

从以上聚类可以看出，参与课程学习的在线学习者可以分为 5 类（包含没有任何线上活动的爽约者），恰好和第 5 章 MOOC 学习满意度访谈分析中学习者总体满意度状态中总结出来的 5 种类型相对应，因此我们可以使用第 5 章中按照 MOOC 学习满意度分类的方式，对这 5 个聚类结果进行分类标签的分配，分别是积极参与者（主动快乐学习型）、常规参与者（被动功利学习型）、敷衍者（自由随想随学型）、缺乏毅力者（拖拉半途而废型）、爽约者（爽约神秘消失型）。

① 缺乏毅力者（第 0 簇）。

第 0 簇中的学习者，开始学习时间显著大于平均开始时间，而登录次数及学习时长又明显低于平均值，说明这部分学习者开课后很久才偶尔登录一次系统，学习的时间也非常短，偶尔观看课程视频，从来不完成课程的主观或客观作业，从来不参加课程的任何讨论，几乎不参与课程作业互评且互评的投诉率极高，他们的持续学习愿望极低。这部分学习者约占总数的 10.8%。

② 敷衍者（第 1 簇）。

第 1 簇中的学习者，开始学习时间略低于平均开始学习时间，但登录次数和学习时长远低于平均值，说明这部分学习者有比较良好的开始，但后期不能继续坚持，尤其是课程的前几次（1～2）作业，完成率都在 90% 以上，视频观看率都接近 100%，很少参与讨论，前几次的互评质量高，但后期课程参与率极低，持续学习的愿望较低。这部分学习者约占总数的 37.4%。

③ 一般参与者（第 2 簇）。

第 2 簇中的学习者，开始学习时间明显低于平均值，登录次数及学习时间都略高于平均值，说明这部分学习者能主动积极开始学习，登录次数和学习时间都略高于平均值，能坚持看完视频，完成课程部分作业，但这部分同学特别热于作业互评，且互评质量较高，参与课程评论的次数也比较少。这部分学习者比例最大，约占总数的 48.4%。

④ 积极参与者（第 3 簇）。

第 3 簇中的学习者，开始学习时间低于平均值，且登录次数和学习时长要远远高于平均值，说明这部分学习者能快速投入学习，且能长时间坚持高频率学习，几乎能准时完成课程的所有主观及客观作业，但参与课程讨论主要以发帖为主，回帖量很少，互评的参与率在均值（0.21）左右。总体每个主动积极参与者其持续使用水平指标普遍较高（如近期价值较高，长期价值较高，自我效能较高，工具性高，归属感较高）。从数据上看，虽然这个群体人数较少，但个体间差异较大，不同学习者会有 1～2 个指标特别高，拉大了该簇的平均距离，导致该簇较为发散。这部分学习者约占总数的 3.4%。

⑤ 爽约者（第 5 簇）。

这类学习者没有任何学习活动，是在线课程的爽约者，因此认为他们的持续使用最弱，不在本研究讨论范围之内。

从表 6-4 可以看出，在这 5 种类型的学习者中一般参与者、爽约者、敷衍者所占比例最大。按照 RFM 模型提供的用户价值理论，我们最需要关注的是如何将缺乏毅力者发展为一般参与者，并继续挽留一般参与者，防止他们转化为缺乏毅力者，通过提供更好的服务让他们向积极参与者转变，同时还需要让积极参与者继续保持，最后对敷衍者采取关注策略，寻找合适的方法增强课程吸引力，使敷衍者能转化为其他角色。因此，本研究的主要任务是寻找策略，使一般参与者与缺乏毅力者的分类等级都能有所提高。

表 6-4　学习者分类及 RFM 标签

分类名称	分类标签	人数	所占比例	RFM 标签
Cluster 0	缺乏毅力者	214	7.6%	关注
Cluster 1	敷衍者	739	26.2%	发展
Cluster 2	一般参与者	956	33.9%	挽留
Cluster 3	积极参与者	68	2.4%	保持
Cluster 4	爽约者	842	29.9%	无价值

（2）分类

将聚类后的分类数据作为标签对表 6-2 中的 10 个维度数据进行分类，以发现不同分类学习者行为特征。为了验证分类的准确性，本研究分别使用朴素贝叶斯模型（NBM）、广义线性模型（GLM）、深度学习（OL）、决策树模型（DTM）、随机森林（RF）、梯度提升树（GBOT）及支持向量机（SVM）等分类算法进行学习建模，得到的分类精度除了朴素贝叶斯为69.2%外，其他均在75%左右，如图 6-7 所示。这说明分类准确度较高，分类结果可信。

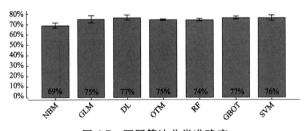

图 6-7　不同算法分类准确度

6.4.3　数据分析

（1）基于数据分析的不同学习者行为差异分析

为了分类结果的可解释性，本研究选取决策树生成的模型及朴素贝叶斯的指标高斯概率密度来解释分类结果。

对行为数据使用决策树建模后，由于分类规则树状图太大，因此分为两部分呈现。图 6-8 中的"子树"代表的节点为图 6-9 中根节点"客观题完成数"。其分类规则如图 6-8 和图 6-9 所示。从图 6-8 和图 6-9 中粗线可以看出，主观题完成数、主观题评价他人平均次数、客观题平均答题时长偏移、视频平均观看次数、视频平均观看进度等因素是区分 4 类不同用户的主要因素。

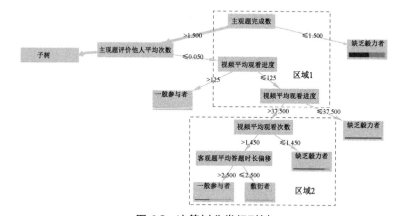

图 6-8　决策树分类规则树

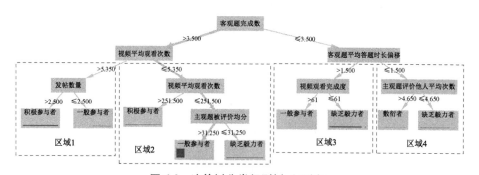

图 6-9　决策树分类规则树（子树）

① 积极参与者与一般参与者主要行为差别。

从图 6-9 的区域 1 和区域 2 可以看出，积极参与者与一般参与者主要的行为差别为发帖数量和视频平均观看进度。积极参与者在课程论坛中更乐于发表主题且课程视频的平均进度要大于 251%，即每个视频的观看时间是本视频时间长度的 2.5 倍。通过查看发帖数量及视频平均观看进度正态分布图（朴素贝叶斯假设事件独立且服从正态分布，该分布曲线为拟合数据后的正态分布曲线，负值部分无意义）后发现：在这两个指标上，积极参与者相对一般参与者，数据都明显向 X 轴正向延伸，视频平均观看进度这个指标尤其明显，如图 6-10 和图 6-11 所示。

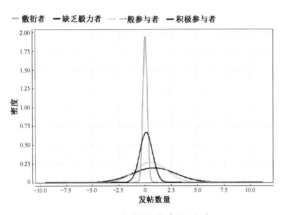

图 6-10　发帖数量高斯分布

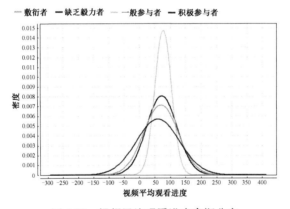

图 6-11　视频平均观看进度高斯分布

② 一般参与者与缺乏毅力者主要行为差别。

从图 6-9 的区域 2 和区域 3 可以看出，一般参与者与缺乏毅力者主要的行为差别是主观题被评价均分和视频观看完成度。缺乏毅力者的主观题被评价基本在 30 以下、视频观看完成度基本小于 60%，说明缺乏毅力者主观题完成质量一般都很低且课程视频基本都不能看完。再次查看主观题被评价均分及视频观看完成度正态分布后发现：在视频观看完成度这个指标上，一般参与者相对缺乏毅力者均值明显偏高（一般参与者均值在 60% 左右，而缺乏毅力者只有 30% 左右），且数据相对集中（波形更陡峭），如图 6-12 和图 6-13 所示。

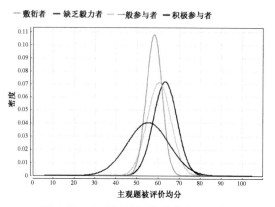

图 6-12　主观题被评价均分高斯分布

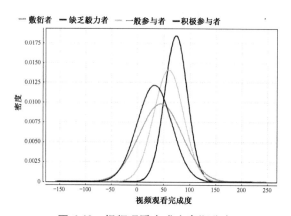

图 6-13　视频观看完成度高斯分布

③ 缺乏毅力者与敷衍者主要行为差别。

从图 6-9 的区域 4 可以看出，缺乏毅力者与敷衍者主要的行为差别是主观题评价他人次数，相比缺乏毅力者，敷衍者似乎更愿意去评价他人。纵观所有各指标的高斯分布图，敷衍者既不愿意完成作业又不愿意参与讨论，他们喜欢做的是偶尔看看视频，顺便评价他人的作业，如图 6-14 和图 6-15 所示。

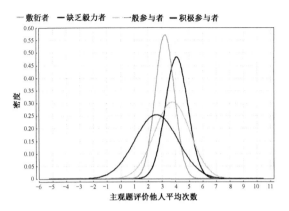

图 6-14　主观题评价他人次数高斯分布

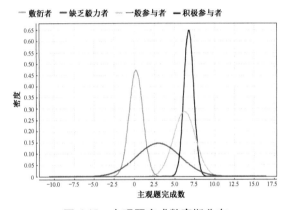

图 6-15　主观题完成数高斯分布

（2）基于数据分析的 MOOC 持续使用影响要素分析

① 提高 MOOC 课程质量，满足在线学习者"近期价值"需求。

从量化分析的数据上来看，第一次学习课程时间、平均客观题开始答题时间、完成作业的时间是否在合理范围及作业完成的数量最能反映在线学习者的持续使用水平，而社会关系、自主感及长远价值不能显著体现学生的在线持续使用。因此，对于在线课程设计而言，课程内容一定要满足学生"近期价值"实现的需要，如课程的实用性、趣味性等。

②"情感态度"在线难以评估，与持续使用关联不大。

目前研究学习者"情感态度"主要以学习表情识别为主，也有不少研究通过分析在线学习环境中学习者在课程论坛或者博客发布的文本信息，通过NLP来分析文本情感。从本研究选取的课程来看，学习过程中学习者在论坛产生的讨论信息非常稀疏，大多与课程、情绪无关，如"什么时候作业截止""平台如何使用"等。因此，目前还很难做到通过在线数据来实施学习者情感态度的精准度量。线下访谈的结果也反映了学习者对课程情感的态度，更多的是对课程"近期价值"与"自主感"的中介变量，不同分类的受访者之间没有表现出明显的课程内容及课堂安排等以外的"情感态度"差异。

③"自主感"拥有在线学习的"一票否决"权。

数据表明，如果某一讲是"课堂实录"型，学生就会觉得很无聊，没有兴趣继续学习课程；如果是学校要求必须参加的课程，他们会"把电脑开在那，让它自己放，要点就去点一下"。相比课程的线性学习过程，学习者更愿意自主规划学习过程。因此，为了迎合非正式学习的要求，需要摒弃基于课堂录制的"满堂灌"，充分发挥技术优势，对原有知识进行解析解构与重组，建设以微视频为主的多形态知识呈现。

④ 持续使用需要课程实施者定期干预提高。

从研究数据来看，大部分学习者在课程一开始能维持较高的持续使用，但随着课程的开展，不少学习者的持续使用会急剧下降，体现在学习行为上即为学习的时间变短、参加课程的活动变少，这种减少呈指数下降，如图6-16所示。课程开设的第一天及第3周后学习人数骤减，而后期每天的学习人数基本稳定。通过访谈分析，不少受访者表示，由于现有的在线课程缺乏试听环节，不少同学都抱着试听的心理来参加在线课程的学习，因此，如果第一次学习达不到学习者的预期，那么这批同学就会大量退出在线课程学习，第4周是能否继续坚持学习的"分水岭"，能坚持到第4周的同学往往能坚持到课程结束。因此，在课程开设的初期（尤其是前3周），相关课程负责及管理人员需要通过线上提醒、发送邮件的方式，或者在课程视频中给予提醒，如在前几次课程安排上有意识对学习者学习的"近期价值"需要进行靶向教学，以维持或提高学习者的在线持续使用。

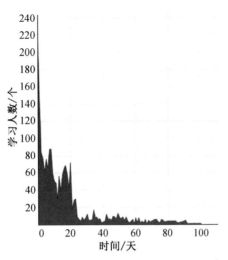

图 6-16　课程开设后每天学习者学习数量统计

⑤ 对不同学习者采用不同的持续使用提升方法。

积极参与者与一般参与者主要的行为差别为发帖数量和视频平均观看进度。发帖数量体现的是学习者的学习自信心与乐于分享的个性，视频观看进度超过 100%体现的是学习者对课程内容的喜爱与解决问题的执着。相比于一般参与者，积极参与者能自觉提出目标，且要求具体，对认知过程的感知与自我调节是积极参与者的独特标签。他们能在答题错误的情况下继续完成客观题和主观题的答题，哪怕是答题分值超过平均数而不是满分，他们仍然会继续"刷分"，他们遇到困难时总能独立解决。因此，培养学习自信心、增强自我效能等元认知能力是提高一般参与者持续使用的关键。

一般参与者与缺乏毅力者主要的行为差别为主观题被评价均分和视频观看完成度，这两点都指向缺乏毅力者的学习被动性。他们只专注于课程作业的完成，学习具有非常强的"功利主义"，观看视频只是为了寻找课程作业的答案，客观题得分与一般参与者没有明显差异，但主观题得分会出现很大的差异。因此，对于缺乏毅力者，应尽量提供符合他们兴趣及认知水平的内容，同时还需提高课程的主观评价比重，降低或取消客观评价，积极开展有意义的线上或线下开放活动，提升缺乏毅力者对课程的认知。

6.5 本章小结

本章利用基于大数据的学习分析技术对 MOOC 的持续使用进行了研究，通过持续使用行为研究将静态的满意度研究发展为动态满意度研究，为高等教育学习满意度研究提供了新的思路。首先，在传统 RFM 模型的基础上结合在线学习的特点，提出了 MOOC 持续使用研究框架。其次，利用标准的机器学习算法对收集到的数据先后进行聚类与分类，通过 RFM 数据聚类，研究按照持续使用水平的高低将学习者分为 5 类，分别是敷衍者、缺乏毅力者、一般参与者、积极参与者及爽约者，将得到的学习者分类数据作为标签，对学习过程中产生的其他数据进行进一步分类，并通过决策树的可解释性特征，分析了不同类型学习者的主要行为差别。最后，为如何提高学习者 MOOC 的持续使用提供了建议。

第7章 研究结论与讨论

在前几章，本研究以顾客满意度模型、自我效能感、自我决定论、期望价值理论、技术接受模型及信息系统持续使用模型等理论为基础，构建了 MOOC 学习满意度指数模型，通过实证研究探究了影响 MOOC 学习满意度的影响因素及其之间的相互关系，并进一步通过半结构访谈探究了满意度形成数据模型背后的原因，最后通过大数据分析方法研究了满意度的行为表现变量——持续使用，探究了不同持续使用者的主要行为差异，通过对不同行为模式的识别，间接评估在线学习者即时学习满意度，将 MOOC 学习满意度从静态测量发展为动态测量。本章的主要任务是对前几章得出的结果进行总结并展开讨论，探讨以 MOOC 为代表的信息技术如何通过教育理念的变革服务于高等教育改革。

7.1 课程质量是学习者学习满意度的核心诉求

7.1.1 对课程内容的实用性诉求

在 MOOC 满意度指数模型实证研究中，本研究发现感知有用是对学习满意度影响最大的因素，感知有用主要来源于学习者满足自我需要的诉求，可能是为了获取学分或是提升自己某方面的能力，这些都是与课程内容密切相关的。这一点在后面深度访谈中所发现的"实用主义至上"原则，以及持续使用行为研究中发现的满足学习者"近期价值"需求中都有着深刻体现。

现阶段，能力（包括学习能力、沟通能力、解决问题能力等）是各用人单位评价劳动者的重要标准。作为教育工作者，我们面临的挑战是需要找到一种办法，将学习者能力的培养融入课程中，这不需要对课程内容进行大量调整，但需要重新将课程知识更多地放入实际应用环境中，以恢复知识的原始生态。因此，在 MOOC 课程的设计过程中，应该充分利用技术手段，将与知识相关的场景、人员、规范等要素进行融合，提升知识的实用性。例如，在桥梁建设课程中，除了课程教师常规的讲授外，还可以结合具体案例，将桥梁设计专家、施工工程师、维护人员及现阶段相关桥梁建设标准引入课堂，为学习者提供更多"一线知识"。

7.1.2　对课程组织的人本化诉求

在课程的组织上，要避免将线下课程直接搬到线上的"满堂灌"，要站在学习者角度，充分发挥信息技术优势，优化知识的组织与呈现方式，将知识"主题化""碎片化""生活化"，并通过多种媒体形式来增强知识表达，这一点在 MOOC 满意度指数模型的"自主需要"、深度访谈发现的"课堂组织多元"中都有体现。例如，人民卫生出版社提供的"以学习者为中心"的特色课程，就将很多手术操作通过真实手术视频、虚拟三维动画等形式进行了生动直观的呈现。

此外，还要特别注意以 MOOC 为主的在线教学，除了常规的形式外，还要注意在线课堂教学互动活动的开展。研究表明，有意义的互动有助于学习者获得更好的学习效果。FutureLearn 就特别强调以人为本的课程设计与互动设计，学习者可以在其学习平台上每一部分内容的旁边进行对话，对话与内容应在同一页面，而不是开设专门的脱离课程内容的讨论区。本研究深度访谈也揭示了当前 MOOC 课程缺乏教学的互动，学习者认为现有的互动"有和没有，没有太大差别"，这也充分说明现有的 MOOC 在线课程的互动都流于形式。

7.1.3　对课程评价的多元化诉求

现有课程的评价多为"封闭"的评价方式，如利用学习者视频观看的次数、时长，作业完成的数量、正确率，以及在课程交流区参与讨论的次数等对学习者进行评价。在这种"封闭"评价体系的胁迫下，在线学习出现了为了达到"完成率"而引发的种种"怪象"：课程视频正在播放而电脑前没有学习者、学习者之间相互交流答案或反复快速尝试试题直至得到满意的结果、课程讨论区的内容大都和课程无关等。鉴于此，我们应该摒弃传统的唯"完成率"为指标的评价方式，积极探索课程的"开放评价"模式。

不同的学习者其学习目标也不尽相同。有些学习者可能只是对课程中某一部分感兴趣，但他们不是为了获得最后的课程证书；有些学习者由于性格问题，甚至不希望别人知道他们在参加 MOOC 学习；而有些完成了课程的学习者有可能作业是通过作弊完成的。也就是说，并不是完成了课程学习就是很好地学习和掌握了课程，同样没有学完课程也不代表没有掌握课程。目前课程评价的"封闭性"不能体现学习者的最终学习成果，一味要求提高 MOOC 学习"课程完成率"是一个伪命题，这一点在深度访谈"学习满意度高完成率低的成因"中有所揭示。因此，我们需要在实践中探索更开放、更客观的多元课程评价模式。

7.1.4 对课程学习的个性化诉求

在 MOOC 满意度指数模型实证研究、MOOC 满意度深度访谈及 MOOC 持续使用研究中都揭示了不同类别学习者的学习差异。传统的"一刀切"学习系统已不再有效。学习者在性别、年龄、学科、动机、个性等特征上存在的差异，都可能影响他们的教育过程。因此，为每个学习者提供个性化的学习内容成为一种必然的选择。

（1）内容的个性化

现有的大部分 MOOC 课程的内容不仅实现不了同一批学习者拥有因人而异的学习内容，甚至一门课程对不同年级不同开课批次的所有学习者采用的都是经久不变的内容，这种现象在目前 MOOC 平台非常常见，很多MOOC 课程常年不更新，主要原因是经费不足。在我国，MOOC 建设初期可以得到相应的资金补贴，而在课程的运行期，几乎得不到任何资金支持。在国外，如 MITx 与 edX 平台，相关机构会为课程第一次开设提供 15 万美元，第二次提供 7 万美元，第三次提供 2 万美元，以保证课程的持续更新。因此，我们国家大多数 MOOC 课程根本无法实现课程的多次反馈调整从而达到相对优质的水平，更谈不上能支持学习者进行个性化学习、提供个性化定制的内容。

（2）指导的个性化

在 MOOC 课程的学习中，可以通过技术实现对学习者学习行为的追踪和记录，通过人工智能算法提供个性化学习指导。例如，通过引入人工智能导师系统，不仅可以为在线学习者提供最佳的课程节奏和内容，满足每个学习者的需要，还能评估目前在学习者行为及答案判断中的薄弱环节，诊断出学习者犯错误的原因，进行针对性、个性化指导，为学习者提供智能的 MOOC 学习空间。

7.2 信息技术通过中介间接影响教育且影响较小

研究高等教育改革中信息技术所起的作用，对今后制定教育政策有着"指挥棒"的作用。前期在研究背景中已经通过对 1981—2016 年来大部分经合组织成员国内 25~34 岁受过高等教育人口比例数据研究发现，无论技术发展多么波澜壮阔，受过高等教育的人口比例都没有出现显著波动。那么，信息技术究竟对高等教育有没有影响？又是如何影响的呢？本节将重点讨论该问题。

7.2.1 高等教育规模随着技术的进步有较大提升

十年树木，百年树人。仅用 35 年（1981—2016 年）的数据来研究信息技术与高等教育关系，这个窗口期限显得太窄了，而且近代高等教育规模变化受到的其他因素影响也很多。例如，各国不同的经济情况与教育政策都在很大程度上影响了该国的高等教育规模。因此，应该选择从单个国家的长时间数据来观测和研究信息技术与高等教育规模变化的关系。

考虑到信息技术革命发源于美国，且美国教育数据较为开放，易于获取，因此本研究将研究视角放宽到从第二次工业革命（1870 年）开始至2016 年近 150 年内的美国高等教育规模变化，考察信息技术是否对高等教育规模产生了影响。

研究数据主要有两个来源。第一，美国教育统计中心 1993 年 1 月发布的研究报告《120 年的美国教育：统计视角》，数据集中包含了 1870—1991年秋季按性别、学习类型等维度划分的高等教育机构 18~24 岁人口的入学百分比，还包含了 1963—1991 年全日制学习者与非全日制学习者的入学百分比，如图 7-1 所示。第二，美国教育统计中心官网 2017 年发布的《教育统计文摘》，数据集中包含了 1940—2016 年各年龄段（3~4、5~6、7~13、14~17、18~19、20~25、25~29、30~34 岁）人口入学的百分比。

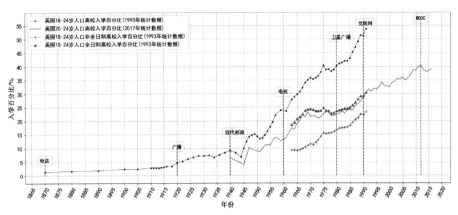

图 7-1 美国 1870—2016 年 18~24 岁人口高校入学百分比

将这两个数据集中关于高等教育入学的数据叠加到图 7-1。由图 7-1 可以看出，1940—1991 年这两部分高校入学的数据存在交叉，但相同年份的两份数据数值差异较大。经过研究发现，差异来源于统计口径不同。从图中可以发现，序列"美国 20~24 岁人口高校入学百分比（2017 年统计数据）"与"美国 18~24 岁人口全日制高校入学百分比（1993 年统计数据）"极为接近，这可能是因为 2017 年发布的数据统计口径是全日制在校学习者，不包含 1993 年数据中的非全日制学习者；序列"美国 20~24 岁人口高校入学百分比（2017 年统计数据）"略低于"美国 18~24 岁人口全日制高校入学百分比（1993 年统计数据）"，这可能是因为统计的年龄段不同，序列"美国 20~24 岁人口高校入学百分比（2017 年统计数据）"的年龄段为 20~24 岁，而序列"美国 18~24 岁人口全日制高校入学百分比（1993 年统计数据）"的年龄段为 18~24 岁。由图 7-1 还可以看出，随着时间的增长，各年龄阶段高等教育入学比例、规模（考虑到长期人口的持续增长的趋势）均有较大规模的提升。

7.2.2 技术对教育的影响较小且具有缓动性和滞后性

为了研究信息技术发展与高等教育发展的关系，本研究再次将信息技术发展过程中重要的技术进步与相应年代叠加到图 7-1。由图 7-1 可以看出，随着每一个新技术的问世，高等教育规模在其后的几年内都有一个相对快速的提高，尤其是电视、卫星广播及互联网的诞生都大大提高了非全日制学习者的规模。图 7-1 中一个特殊的时间点在现代邮政出现后，有 4 年的数据呈下降趋势，经过研究发现，这是因为在 20 世纪 40 年代初期，大量年轻人参加第二次世界大战，导致入学人数急剧下降，而到了 40 年代末，第二次世界大战退伍军人在《1944 年军人再调整法》等计划的协助下重新进入大学，因此随后的几年大学入学人数激增。为了降低特殊时期政策对教育发展规模的局部影响，研究将图 7-1 经过 Savitzky-Golay 平滑去噪处理后，得到图 7-2 所示的美国 18~24 岁人口高校入学百分比。从整体趋势上看，信息技术似乎对高等教育有较大影响，而且影响相对滞后。

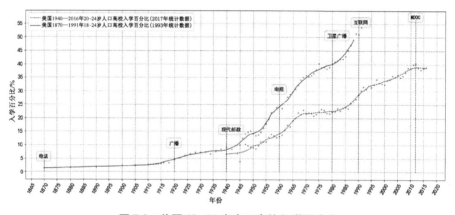

图 7-2　美国 18~24 岁人口高校入学百分比

当然，高等教育规模的发展不仅仅只受到信息技术的影响，其他影响因素还有很多，仅凭图 7-2 就下结论认为信息技术对高等教育有较大影响似乎过于草率，那么，如何将技术对高等教育的影响相对粗糙地分离出来单独研究呢？受到李静对测算重大事件影响力的新方法的启发，要研究信息技术是否对高等教育规模有影响，就需要找到一个与高等教育规模变化相似的"参照物"，该"参照物"受到与高等教育规模相一致的影响要素的影响，但受到信息科技对其的影响程度不同于对高等教育的影响。因此，本研究选定了"18~19 岁人口高中入学百分比"作为该"参照物"，选定该参照物是基于如下假设：① 18~19 岁与 20~24 岁年龄相近，其规模除了具体的学段外（高中和大学之差），受其他影响要素的影响相似；②信息技术对大学的影响不同于对中学的影响，因此本研究选取了美国教育统计中心官网 2017 年发布的《教育统计文摘》中 18~19 岁人口高中入学百分比与 20~24 岁人口高校入学百分比作为研究对象，绘制了美国 18~19 岁人口高中与

20~24 岁人口高校入学百分比对比图，如图 7-3 所示。根据之前的假设，用
"▲"标注的曲线可以近似地认为是信息技术对高校的影响不同于高中的部
分。从图 7-3 中可以看出，这个差值随着时间的变化在不断增加，因此可以
再次证明，高等教育规模受到了信息技术发展的影响，只不过这个影响较
小，具有时间的缓动性和滞后性。

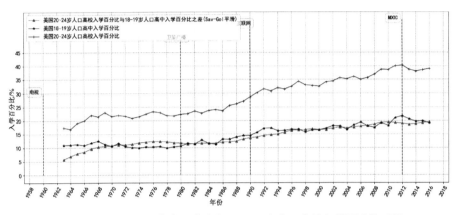

图 7-3　美国 18~19 岁人口高中与 20~24 岁人口高校入学百分比对比

7.2.3　技术通过赋能于人脑外的因素间接影响教育

通过以上分析可以发现，虽然信息技术的发展对教育的影响不能被直
观观察（但其实函授、广播电视大学、在线学习这种教学形式的变化也是
一种改变），但技术对教育的规模甚至教育的其他属性都有影响，只是技术
本身并不直接作用于教育本身，而是通过其他各种中介因素对教育施加影
响，因此其对教育的影响具有缓动性和滞后性。当然，从图 7-2 中也能较为
直观地观察到，高等教育规模的阶段性大幅增长均出现在新技术问世后的
几年内。

教育受到信息技术影响的因素主要还是那些外化于人脑的，如技术改
变了知识传递中的知识传递方向、知识传递模式、知识承载方式、知识传
递空间、活动主体角色等，如表 7-1 所示。在具体的教学活动中，信息技术
主要影响了教与学的方式、教学内容承载方式、教学评价方式、治理方式
及教学环境等。从技术层面上说，技术对教育的影响只能是对教育资源在
结构上进行重组，以及在时间和空间上重新分配，为推动教育改革提供工
具支持，但不是决定力量。这就像蒸汽机的发明并不能直接引起第一次工

业革命，而是资本主义发展所需的机械思维、资本、机械动力共同造就了第一次工业革命，即"机械思维 + 资本 + 机械动力 = 工业革命"。引起工业革命的最直接因素是其工业化的思想，而资本和机械动能只是一个推动力。因此，信息技术作为工具，只是为教育改革提供了基础条件，而真正引发教育改革的是使用这种工具的教育思想。如果能恰当地运用技术，就能加快教育改革过程。因此，我们要顺应时代潮流思考，面向社会、面向市场、面向国际，用先进的教育思想、教育观念来指导新的继续教育改革与实践。

表 7-1　技术对教育的改变

改变内容	改变方式
知识传递方向	单向→双向
知识传递模式	一对一、一对多→多对一、多对多
传输同步模式	同步→异步
知识承载方式	语言、文字→视频、活动等
知识传递空间	面对面（小范围）→远程（大规模）
活动主体角色	施教者为中心→受教者为中心

7.3　教育理念变革是推动教育改革的核心动力

19 世纪 70 年代，电话诞生，由于其使用成本太高，电话系统没有变成主要的教育工具，甚至在远程教育上也没有使用，但电话的诞生为后面的其他技术提供了很好的技术基础，也为以后的远程教育提供了必要的技术准备。20 世纪 20 年代，无线电技术兴起，英国广播公司（BBC）开始为学校播放教育广播节目。1924 年，BBC 推出了第一个成人教育节目《昆虫和人类的关系》。40 年代，邮政系统创建，出现正式的函授教育，从 1858 年起，伦敦大学通过邮政通信提供了校园外的学位课程。60 年代，电视首次在学校和普通成人教育中使用。1969 年，英国政府和 BBC 合作工作建立开放大学，开放大学课程向所有人开放。70 年代，电视开放大学在世界各地迅速传播，被一些国家特别是世界银行和联合国教科文组织等国际机构视为发展中国家教育的灵丹妙药，然而由于电力的缺乏、成本、公共设施的安全性、气候、当地教师的抵制及语言文化等一系列问题，开放大学最终失败。80 年代，随着有线电视系统的普及，专有的有线电视系统和专用的会议室的视频会议开始被使用，这一时期电视大学大量出现。到了 80 年代后期，卫星广播使得电视信号可以以更低廉的价格传输更远的距离，真正意义上的远程教育开始流行，人们希望远程教育可以提供"从世界领先大学到世界饥饿大众的大学讲座"，然而由于成本等原因，远程教育没有得到大规模使用，但印度直至 2015 年仍然在利用卫星对最贫困地区进行远程教育。

随着个人计算机的普及及性能的提高，1985 年计算机渐渐用于辅助学校教学，相应的计算机辅助教学（computer aided instruction，CAI）系统逐渐出现。CAI 的发展目标是在不进行人为干预的情况下，能让学习者自己学习知识，并能自动测试学习者知识掌握情况且提供实时反馈。20 世纪 90 年代，由于数字压缩和互联网的接入及网络学习管理系统的发展，在线查看课程资源、在线文本交流成了互联网学习的主要形式。2000 年左右，高速互联网的接入为网络教育的发展和普及提供了强大动力。2002 年，麻省理工学院通过其开放式课程项目，开始免费向公众提供录制的演讲。2005 年，YouTube 上出现了越来越多的教育短片。2006 年，可汗学院开始使用 YouTube 记录语音和使用数字黑板、方程、插图的讲座，这就是 MOOC 的雏形。

随着 Web 2.0 技术的兴起，Blogs、Wikis、YouTube Videos、Twitter、Skype 和 Facebook 等社交媒体正式被融入正规教育之中。社交媒体的加入，使得之前以施教者为中心的教学模式逐渐向以学生为中心的教学模式转变。

通过上一节的讨论我们发现：信息技术只是作为工具为教育改革提供基础条件，真正引发教育改革的是通过工具利用所产生的教育理念的变革。那么，随着 MOOC 这种新工具的出现，我们应该以怎样的理论革新来推动新一轮教育变革呢？

7.3.1　基于 MOOC 的教育理念变革应坚持的原则

（1）教育实践中应坚持"以人为本"的理念

不少技术论鼓吹者认为技术的发展能解决人类遇到的所有问题，因此他们在具体的教育实践中贯彻以"技术为中心"的教学，机械地认为将课件和视频搬上网络、将传统课程资源网络化就是在线教育，就能提高教育的规模和质量。

但我们必须清楚地认识到，在信息论视角下，技术仅仅改变了知识的承载模式、传递方式和存储形式等，而这些都是外化于人脑的。按照建构主义学习观，学习的过程是学习者主动建构知识的过程，而不是靠违背教学规律的技术"填""压"来被动学习的。因此，教育教学改革应该坚持以学生为本，教学过程以学生为中心，构建服务全体学生的教育教学新模式。

（2）教育实践中应注意教育的复杂性与强制性

教育过程是一个复杂的系统过程，这是因为：① 初始条件的多样性和变异性是构成教育过程复杂性的基本条件；② 教育过程中不确定变量的干扰导致教育过程的持续"漂移"；③ 目标的多样化和差异化导致教育过程难以预测。

教育过程的复杂性使得技术很难对整个教育过程进行预设控制，不同于普通的物质生产部门可以把生产流程外化为资源要素（含生产资料、人力资源、时间与空间）的预设安排，教育过程无法被拆解为彼此独立的行动单元。如果把教育过程机械地分解为一道道精细的工序，必然导致教育成为僵化和缺乏活力的流水线生产流程。因此，不能把在物质生产部门行之有效的方法生硬地运用到教育过程中。技术在教育改革中的作用不能被夸大，技术支持的教育新模式需要正确理解教育过程的复杂性。

强制性是义务教育的一个重要特征，这里的强制性指的是学校、家长和社会有义务让适龄儿童、青少年接受义务教育。而本研究中的强制性指的是任何的教育形式都应该有明确的任务和必要的监督。传统的教育都是教师驱动下的强制学习，而在以 MOOC 为主的新型教育教学模式中，教学模式变成学习者驱动下的自觉学习，对大多数学习者而言，缺乏监督的在线课程的学习往往是无疾而终的。强制性是教育的底色，技术支持的教育新模式同样需要通过适当的方法实施教育的强制性。

（3）教育实践中应加强在线教育与传统教育的联系

纵观现阶段以 MOOC 为主的新型教育教学模式的主要问题，如学习体验差、学习效果难以评估等，恰恰是以线下课堂为主的传统教育教学模式的优势之处。以 MOOC 为主的新型教育教学模式在实施过程中更关注的是大规模与开放性，将教学过程视为面向大众的媒体传播，追求极致的边界成本。殊不知，教育是一种针对性、小众化的传播方式。传统的以课堂为主的教学中，学习者聚集在一起，在特定的时间和地点学习。学习者可以参加课堂讨论，与同龄人一起参加独立的学习小组，也可以在课后或办公时间与讲师互动，师生之间、生生之间的交流互动就是一种针对性、小众化的传播方式。

现有的在线课程的各种问题主要来源于一味强调学习规模与降低成本，缺少线下课堂开展的各种基于不同群体的学习活动。传统教学与在线教学是技术发展过程中两种不同形态的教学方式，在线教学突破了传统教学的时空限制，但同时缺少了传统教学的"面对面"有效互动。因此，要认识到以 MOOC 为主的新型教育教学模式与传统以课堂为主的教学模式之间不是彼此割裂的，而是两种可以相互依存、互为补充的教学模式。在教育教学改革的过程中，应充分发挥两种模式各自的优势，形成"线上学习+线下讨论"的新型教育教学模式，充分体现线上教育与线下教育的"分合之道"。

7.3.2　MOOC 技术支持的高等教育教学改革路径

（1）技术支持的学习理论变革

社会对用技术解决学习问题一直抱有强烈的期望，学习理论和技术通过信息处理和知识获取相互联系、相互交织，影响着教育改革的进程。随着技术的进步，学习理论经历了从行为主义、认知主义、建构主义到联通主义的变革。

行为主义认为认知是一种关联和技能组成的积累，刺激—反应理论将知识定义为学习者对刺激的特定反应的集合，这为程序教学提供了理论基础。在程序教学的过程中，教学目标被分解成多个小单元，如概念形成、概念运用和推理过程，学习者按照特定的流程完成对每个小单元的理解。

认知主义认为学习是学习者的信息处理过程，但与行为主义不同，认知心理学家强调个人对信息的处理，以及知识如何存储和检索。这种学习理论是随着二战后数字计算机的发展而出现的，教学目标不再需要被分割成独立的小块，而是围绕问题进行组织，以一种相互关联的方式激活学习者先前的陈述性、程序性和自我调节知识来解决特定的问题。

建构主义认为知识并不是建立在已证实的事实基础上的信息体，而是通过观察和实验个别建构的，知识被看作分布在个人和他们的所处的环境中，而不是一个人的自给自足的东西。分布式认知和分布式知识是建构主义的核心概念，知识的获取是动态的而不是静态的，是多维的而不是线性的，是系统的而不是孤立的。

联通主义认为知识是分布在一个连接网络上的，学习的主要任务是找到相关的节点，并创建新的连接，以便在需要时能够访问和利用这些节点中的知识。网络中的知识不是由任何正式的组织控制或创造的，而是混乱的、不断变化的，这是因为信息在网络之间流动，而这些网络本身又与无数其他网络相互连接。联通主义是网络高度发达与社会合作交互学习相结合的产物。

从以上学习理论变革历史可以看出，随着技术的进步，学习经历了从个人到社区、从内容驱动到过程驱动、从孤立到集成、从演示到交互、从依赖于地点和时间到泛在学习、从固定到移动的演变。由此可见，技术的变革只会停留在信息加工的工具层面，只有将技术和恰当的学习理论相结合产生的教学模式才能有效发挥技术力量，促进教育教学改革。

（2）MOOC 支持的翻转课堂与高等教育教学改革

以课堂为中心的教学是高等教育中最常用的教学方法之一，它能在短时间内提供大量的知识。然而，这种方法也因其不能培养更高层次的思维（如批判性思维、解决问题和创造性）而受到严厉批评。此外，它也不利于发展学习者通过与教师或同伴之间的互动来发展其社会技能。

尽管 MOOC 的出现改变了传统的教学方式，但这些海量的网络课程也带来了新的学习问题。其中，最明显的问题是 MOOC 教学中师生分离。为了实现网络教学中面对面教学的目标，一种小而高效的网络学习方式——小规模限制性在线课程（small private online course，SPOC）受到了广泛的关注。SPOC 作为一种新的教学模式，不仅保持了 MOOC 开放的网络学习方式，而且结合了面对面课堂教学的优点，被认为是 MOOC 与传统课堂结合的产物。

以建构主义与联通主义为基础的翻转课堂也称颠倒课堂，通过对知识传授和知识内化的颠倒安排，改变了传统教学中的师生角色，并对课堂时间的使用进行了重新规划，实现了对传统教学模式的革新。在翻转课堂上，知识传授和知识内化这两个阶段进行了"翻转"，在课外通过信息技术的辅助完成知识传递，而在课内经老师或同学的帮助完成知识内化，形成一种基于混合式学习的翻转课堂。翻转课堂完美地结合了 MOOC 线上学习与传统课堂线下学习的优势，通过对学习过程中时空的翻转改变了教学的原始形态，形成了一种以学习者为中心的新的教学模式，目前这种新的教学模式引起了教育专家和实践者的特别兴趣，是 MOOC 应用与高等教育教学的最佳实践。

在教育中使用基于 SPOC 的翻转课堂，有如下优点：

① 增加学习自主性，提高学习的参与感。

翻转课堂将学习的主动权重新还给学习者，他们可以随时为上课做准备，并花一定的时间来以他们喜欢的方式完成线上 MOOC 课程。在线上课程的学习过程中，不仅可以熟悉课程内容，而且能发现课程学习过程中的问题与疑点，学习者会带着非常明确的问题积极参加线下课程的各种活动，其课堂参与感会明显提高。

② 以学习者为中心，提高学习的积极性。

学习者课外参加 MOOC 课程学习，一方面他们初步熟悉了课程内容，另一方面他们也会产生应用或验证所学内容的冲动，在参与线下讨论时，他们会积极将在线上课堂中学到的知识应用到线下解决问题的场景中。在教师和同学的帮助下，提升分析问题和解决问题的能力，降低因前期准备不足而导致任务失败造成的挫败感。

③ 分离知识传授与应用，更利于开展体验式教学。

由于课程中知识的传递过程是通过线下 MOOC 完成的，因此线下知识的内化与运用就可以采用任何适合知识运用的场景来学习，如体验式学习。体验式学习的模式与传统模式不同，它把课堂和真实世界体验集成在一起，推开了校园的大门，让整个世界都是潜在的教室、图书馆或实验室。学习者可以通过参与实习、合作项目、勤工俭学、全球体验和原创研究进行体验式学习。

④ 面对面深度互动，有利于学习者科学思维的培养。

在翻转学习的过程中，教师的角色会发生巨大的变化，它将传统教学中的"主导者"演变为翻转课堂的"支持者"。教师不需要对简单的陈述性知识进行传递，但需要对学习者之间的互动、实践场景中遇到的问题进行必要的指导与支持。通过教师对线下学习活动的深度干预和引导，可以逐渐培养学习者的系统性思维与批判性思维。

　　我国现有的教育体系，尤其是高等教育，适应的是第二次工业革命之后的工业社会。面向工业时代的"流水线批量生产"的教学组织形式已不能满足信息时代、人工智能时代所需的个性化、探究学习的人才培养要求，这是现阶段高等教育改革的核心问题，也是高等教育课堂改革需要直面的问题。而以学习分析和大数据支持的 MOOC 为基础的翻转课堂不仅可以满足学习者的多样性需求，做到"因材施教"，而且可以让学习者学习更自由，通过线上线下的翻转与混合，提升学习者的学习主动性与积极性，通过线下的有效互动，提高问题的解决能力，更加有益于系统性思维与批判性思维的培养。因此，MOOC 支持的翻转课堂为现阶段高等教育课堂改革提供了一个现实的解决方案。

7.4　本章小结

　　本章将前几章的研究结果进行综合分析并展开详细讨论，得出课程质量是 MOOC 学习者学习满意度的核心诉求，其包含课程内容的实用性诉求、课程组织的人本化诉求、课程评价的多元化诉求及课程学习的个性化诉求。为了研究 MOOC 如何服务于教育教学改革，本章进一步讨论了信息技术如何影响教育及影响程度如何，得出信息技术间接影响教育但其影响甚微，真正能推动教育教学改革的是教育理念变革的结论。最后，讨论了技术支持的学习理论变革及 MOOC 支持下的高等教育教学改革路径。

第8章　政策建议与研究展望

在这个倡导全民终身学习的时代，MOOC 给高等教育大众化带来了前所未有的机遇。习近平总书记在党的十九大报告中明确指出"要高度重视农村义务教育，办好学前教育、特殊教育和网络教育"。十九届四中全会通过的《中共中央关于坚持和完善中国特色社会主义制度　推进国家治理体系和治理能力现代化若干重大问题的决定》再次明确提出要"发挥网络教育和人工智能优势，创新教育和学习方式，加快发展面向每个人、适合每个人、更加开放灵活的教育体系，建设学习型社会"。这无疑为网络教育特别是基于网络的 MOOC 教育提供了政策红利。那么，当下如何深化对 MOOC 的认识，结合当前实际，运用适当的方法让 MOOC 为推动高等教育改革提供更好的动力呢？

8.1　大力推进 MOOC 课程改革，提升高校教育教学水平

如何将 MOOC 应用到现阶段高等教育教学，提高高等教育教学课程质量，服务于"一流本科"建设？为了回答这个问题，本研究从课程质量、课程组织及教师培训三方面给出了有效应用 MOOC 的建议。

8.1.1　全面提升 MOOC 课程质量，建设高水平 MOOC 课程

（1）以提高学习者满意度为出发点，提升 MOOC 课程质量

通过对 MOOC 学习满意度访谈的分析可知，实施学习者高满意度和高质量 MOOC 建设的基本路径为：① 以课程质量为核心，强化及时更新，提供课程的扩展与定制，建设高品质 MOOC 课程；② 以自主学习为宗旨，发挥技术优势，优化知识的组织与呈现，建设微学习 MOOC 课程；③ 以有效学习为目的，重构管理流程，提供多种课程评价方式，建设高弹性 MOOC 课程；④ 以学习理论为指导，改进互动方式，借鉴成功社交软件模式，建设强社交 MOOC 课程；⑤ 以服务学习者为驱动，引入学习分析，加强学习

的监控与分析，建设高智能 MOOC 课程。详细论述见本研究 MOOC 学习满意度访谈中 MOOC 学习满意度提升的访谈描述性分析部分。

（2）以全球课程本土应用为基础理念，引进国外高质量课程

MOOC 课程制作需要大量人力和物力的投入，但并不是每个学校需要的 MOOC 课程都需要自己来建设，采取开放包容的心态引入国内外高质量 MOOC 课程是解决学校 MOOC 课程资源匮乏的一个重要途径。因此，国内产生了很多 MOOC 教学联盟（如中国大学 MOOC、好大学在线等），他们之间相互共享课程并互认学分。但由于语言障碍、文化障碍，国外高质量 MOOC 课程在国内高校推广使用受到限制，因此需要对这些课程进行本土化操作，如翻译。然而，由于文化差异，有不少内容我们无法翻译，但这并不影响我们对整个课程内容的理解。不同的学校都有自己的一流专业和一流课程，集中学校力量将这类课程建设成为优秀的 MOOC，不仅可以服务于本校的教育教学，而且可以将课程分享至其他 MOOC 平台，甚至让国外的学习者也能学习，服务于其他学校，提升自己学校的知名度。

8.1.2　重新定位 MOOC 评价目标，创建 MOOC 开放学习体系

（1）加深对开放的理解，重新定义开放

MOOC 课程的开放不仅应该体现在课程的开放选择、开放学习，还应该包含课程评价的开放。

① 课程评价的开放意味着实施开放"绩效评价"。

传统的以多项选择为评价的方式在 MOOC 课程中有诸多弊端，如易作弊、评价指向性差等。因此，在 MOOC 课程中实施开放评价就是要放弃传统的多项选择等评价方式，取而代之的是以能力获得为主的开放"绩效评价"。绩效评价要求学习者通过表现一组技能或产出某种能展示他们能力的作品。例如，即使学习者知道了这周的单元测试是"定点投篮十投八中"，他们也无法在课程学习的测试或作业中作弊。

② 课程评价的开放意味着不再追求"课程完成率"。

不同学习者的学习目标不同。有些学习者可能只是对课程中某一部分感兴趣；有些学习者对整个课程内容感兴趣，但他们不是为了最后的证书；有些学习者由于性格问题，甚至不希望别人知道他们在参加 MOOC 学习；而那些完成了课程的学习者有可能作业是通过作弊完成的，所以并不是完

成了课程学习就是很好地学习和掌握了课程，同样也不是没有学完课程的就没有掌握课程。因此，一味要求提高 MOOC 学习的课程完成率是一个伪命题，没有任何意义。

（2）寻求与高等教育教学新的结合点

MOOC 除了能支持高等教育教学的翻转课堂外，还为第二专业开展等提供了新的实践路径。

为了适应当今社会对复合型人才的迫切需求，国内很多高校都在本科期间开设了第二专业，通过第二专业的学习，学习者通过跨学科学习成为复合型人才，从而提高就业竞争力。但第二专业的教育教学大多是在第一专业的课余开展的，因此教学过程中部分教师因工作压力大、时间紧等出现了教学不认真、教学管理不到位、课程设置不合理等问题，严重影响了第二专业的开展。鉴于此，有关专家提出将 MOOC 引入第二专业培养。现阶段国内外 MOOC 资源可谓"取之不竭，用之不尽"，在培养计划中加入适当的 MOOC 课程不仅可以解决课程设置的问题，而且可以大大降低面授时间，平时学习者可以按照自己的规划自主学习，授课教师定期安排线下研讨或实验，这样做不仅可以降低学习的时间成本，而且大大降低了经济成本。

8.1.3　加强教师 MOOC 应用指导，开创高校翻转课堂新时代

MOOC 建设的最大难点是教学观念的改变，如何真正体现"以学习者为中心"，如何真正实现线上、线下教育的融合，这是最大的挑战。因此，现阶段应该高度重视如何全面提升高校教师教学理论水平及信息技术应用能力，大力推广翻转课堂在高校课堂中的实践。

（1）将先进的教学理论与方法应用于课堂

俗话说：工欲善其事，必先利其器。先进的教学理念和教学手段就是提升教学质量的利器。在新时代的背景下，新的教育理念层出不穷，如社会建构主义学习理论、联通主义教学理论、社交网络学习理论、体验式学习等，大数据、物联网、云计算、机器学习、人工智能、区块链等新技术也不断推陈出新。因此，新时代高等学校教师应以先进教学思想武装自己的头脑，利用全新的信息技术手段开展高质高效的教学。

（2）深刻理解新时代课堂中教师角色变化

教育 3.0 时代，教师被赋予协调、指导、辅导的新职责：深入理解"以学习者为中心"的教学理念，摒弃"一言堂"式以教师为中心的课堂，让学习者成为学习的主体；积极开展融合线上线下学习的混合学习实践，做好翻转课堂的组织者、引导者、促进者和支持者。

（3）积极参与和组织翻转课堂在实践中提高

鼓励高等学校教师在自己开展 MOOC 教学或翻转课堂教学前，先以学习者身份参与到其他课程中，通过学习者视角来审视整个学习和互动的过程。通过角色转换的亲身实践，教师可以对整个学习过程中遇到的问题及课程开展过程中的注意事项了然于心，这不仅能为教师以后开展 MOOC 或翻转课堂提供直接的指导，而且能增加教师实施 MOOC 或翻转课堂的决心和勇气。

8.1.4　推进线上线下结合，共同助力高等教育改革

在 MOOC 发展初期，很多乐观主义者都给出了这样的结论：MOOC 将会在未来取代传统课堂，成为高等教育新的教育形式。

从课程的开设上来说，虽然课程量和普通大学差不多，但大部分 MOOC 平台都是综合性平台，平台课程以大众通识课程为主，专业化的窄众课程相对较少，而大学会提供一半左右的窄众课程。

从文凭角度来说，文凭对一个接受过高等教育的学习者而言是非常重要的，它是入职时一个非常重要的证明自身能力的文件。而在线大学大部分并不能提供文凭，一般只能提供一个课程的认证。到目前为止，只有美国佐治亚理工学院（Georgia Institute of Technology）可以发放在线教育（与 Udacity 合作的"计算机科学"）的硕士文凭。

从学习环境角度来说，接受高等教育不等于学习几门课程的知识，而是在学习的过程中和同学们一起生活，一起学习，和导师面对面交流，参加学校的各项社会活动，使用各种实验室及图书馆资源，而这些线上教育都提供不了，当然 MOOC 也不能。

从费用角度来说，几乎所有的 MOOC 平台都是可以免费旁听的，但如果要获取学位或认证证书，则都需要交费，其中 Udacity 的收费最贵。以 Udacity 的"Data Analyst Nanodegree"为例，本课程包含22个项目，6个月

课程，每周 10 课时，两学期收费大约在 4000 美元，而与佐治亚理工学院合作的"计算机科学"每学期则需要收费 6000 美元，这要比国内的本科或硕士研究生学费高得多。

综合上述分析，MOOC 不可能代替传统大学。传统大学和 MOOC 之间不应该是相互取代的关系，而应该是相互合作的关系，MOOC 可以作为传统大学教学的有效补充。现阶段很多大学都推出了 SPOC 和翻转课堂，通过 O2O（online to offline）的结合，线上线下优势互补，大力推进 MOOC 学分认证，共同服务高等教育。

8.1.5 优化在线教育管理，提高全民高等教育水平

近年来，中国大学的录取率平均大约为 75%（2017 年报考人数 940万），而浙江、江苏、河北等教育大省高考录取率已经超过了 90%。根据教育部 2023 年 6 月公布的数据显示，2023 年全国高考的录取率为 80.72%，而浙江、江苏、河北等教育大省高考录取率已经超过了 90%。

光明日报"'数'说 2023 年全国教育事业发展"数据显示，高等教育在学总规模为 4763.19 万人，高等教育毛入学率 60.2%。按照这个数字，从 1978 年的 1.55% 到 2023 年的 60.2%，中国的高等教育规模的确有了一个非常大的提升，但同时我们注意到，仍有 40% 左右的适龄人口不能接受高等教育。

优化在线教育课程管理，提高全民高等教育水平。在未能接受高等教育的这 60% 的人口中，农民工占很大比例。因此，增加面向具体职业的技能课程（面向农民工），为农民工提供在线教育机会，不仅有助于增加其专业技能，而且能促使他们更好地服务于国家的社会主义经济建设。同时，积极推进优秀课程的学分认证（面向普通高校学习者），促进微学位认定，能够为普通高校学习者学习第二专业、获得职业技能证书提供帮助。

优化在线教育收费模式，提升学习者在线学习积极性。在线课程虽然可以随时学习，但能坚持到最后的人少之又少，在线学习者往往需要有比线下学习更大的毅力，因此需要探索提高课程参与积极性的方法手段。改革收费模式是一种不错的办法，如国内知名网站"炼数成金"独创的逆向式暂存学费。逆向收费式课程是由"固定学费+暂存学费"组成的，固定学费为网站的办学成本不予返还，暂存学费将在学习结束后根据学习者在学

习中的表现进行相应返还。此机制是为了督促大家学习，避免懒惰，以资金的扣减不断提醒学习者加紧学习。

8.2　全面推进 MOOC 应用推广，加快学习型社会建设步伐

8.2.1　MOOC 为学习型社会提供了丰富的学习内容与自由的学习形式

学习型社会不是一个单纯教育制度发达的社会，或是人们迫于经济或职业上的压力而去追求功利性学习的社会，而是人们充分利用闲暇时间去从事旨在提高自身价值和教养的社会。在学习型社会框架下，学习内容是自由、开放、可选择的，学习形式是主动与自主的，它体现了未来理想社会的一种发展方向。

2007 年 ALISON 在爱尔兰成立，其合作者主要是发展中国家的学术机构，它是一个免费的、便于使用的自助发布 MOOC 的平台。在 ALISON 平台上，每个人不仅是学习者，同时也是老师，由于 ALISON 是免费且自助的，各行各业的专家或老师都可以随时通过 ALISON 分享他们的知识，所有的课程均在网上免费开放，而且它们的认证也是免费的。与高等教育层面的 MOOC 不同的是，ALSION 关注的是工作场所的知识和技能的发展，课程包括了从小学教育到成人教育等各个层面的教育，因此其学习者背景也千差万别。

类似于 ALISON 的 MOOC 平台还有很多，它们不仅提供了数以万计的各行各业的 MOOC 课程，而且提供了分门别类的证书。背景各异的学习者可以按照自己的喜好在任何时间、任何地点通过任何方式来学习任何课程。免费普适的 MOOC 课程为想继续学习及成就自己的个人提供了前所未有的便利，同时也为构建学习型社会提供了一条有效的实践途径。

8.2.2　MOOC 为开放教育提供了一种新的实践模式

开放教育的理念认为，世界上每个人都应该有机会获得高质量的教育经验和资源，开放教育将知识共享和创新的传统与 21 世纪的技术相结合，创建了一个巨大的开放共享教育资源池，通过开放教育资源、开放能力、开放评价、开放认证为正规教育系统提供学习和培训的机会。

随着知识经济的到来，知识的总量在增加，分散程度也在不断提高，

现阶段教育体系的主体是学校，适应的是第二次工业革命之后的工业社会，实行的是分班分科的专业教育，它们都有固定地点，周围还有围墙，它们在知识传递方面的功能正在下降。眼下，学习者的情况正发生着重要的变化，传统全日制大学的学习者不再是学习者的主要组成部分，"大学"这一概念的内涵也在不断丰富，涵盖了先前没有涉及的人群。

在高等教育领域，我们让学习者在校园里接受四年高强度且沉浸式的教育。但是我们没有足够的空间和资金去给每一个渴求接受这种源自中世纪的教育的人提供受教育的机会。随着网络的普及，在数字教育不断膨胀的时代里，在高等教育内部，很多高等学校开始尝试在线学习和混合学习，MOOC 加快了许多院校的数字化进程，一些顶级高校甚至创建了新的院系，并增设了专管学习创新的副院长职位，而在高等教育外部，通过 MOOC，全球各地的学习者能够在线上或有机会在线下聚集到一起（如去世界不同角落的咖啡吧），一起学习，一起讨论，一起与主讲教师进行网络面对面的交流。现阶段，MOOC 已然成为开放教育的重要实践模式。但目前 MOOC 在开放性上仍做得不够，课程资源的免费获取只是一种低水平的开放，未来的开放应该致力于资源的无限使用、重新整合与自由共享。

8.2.3　MOOC 为终身教育提供了抵御人力资本贬值的能力

人力资本贬值是随劳动者年龄的增长导致人力资本盈利能力下降的各种因素的总称，包括缺少必要的培训、记忆力和体力下降等。对国家而言，教育是一个国家人力资本的生产机制，国家只有通过建设全面教育体系加大人力资本的再生产才能抵御技术带来的人力资本贬值。

中国即将进入老龄社会，劳动者的退休年龄将进一步延迟，工作年限的加长加之越来越快的技术变迁的速度，知识的更替速度也会越来越快，这无疑加剧了人力资本的贬值风险，除了终身学习，没有别的路可走。正如哈佛大学继续教育部院长亨特·兰伯特（Hunt Lambert）所言："学习也许是我们在十几岁时就开始认真追求的东西，但在我们整个工作甚至退休期间，我们都会继续学习。"

随着时代的发展、就业市场的变化和技术的过时，继续教育已成为维持未来工作所需的必要技能的关键。MOOC 的出现，满足了这一不断变化的趋势的要求，为终身学习者提供了一个有效的解决方案。最近一项研究发现，典型的 MOOC 学习者比传统的大学学习者年龄大，而且 70% 的人已经拥有学士学位，这一点充分证实了 MOOC 已经成为学习者从学校毕业后终身学习的重要工具。

8.3 研究展望

罗伊·阿马拉（Roy Amar）曾经说过："我们倾向于高估一项技术在短期内的影响，而低估了长期的影响。"这个论断被称为阿玛拉定律，如图 8-1 所示。2012 年，MOOC 风靡一时，成为主流媒体、学术会议、期刊争相报道或讨论的主题，《纽约时报》将这一年称为"MOOC 元年"。Udacity 首席执行官 Sebastian Thrun 甚至宣称："50 年后会仅存 10 所大学，而 Udacity 便是其中一所。"从阿玛拉定律来看，那段时间是社会期望大于技术实际影响的"浮夸"年代。时至今日，MOOC 早已过了当年的"狂热"风头回归到理性发展的状态。Web Courseworks 于 2019 年在电子学习技术成熟度曲线中指出，MOOC 正处在幻想破灭的最低谷，迫切需要对目前在教育教学中遇到的瓶颈问题进行深入研究，从而为其快速进入爬升期和生产高峰期奠定理论基础、构建实践路径。

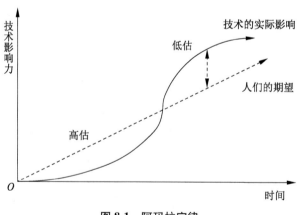

图 8-1　阿玛拉定律

本研究未来主要侧重于在 MOOC 满意度基础上的特定领域应用模式及有效性探索研究，包含但不仅限于如下几个方向：

① MOOC 资源的质量量化研究；

②　MOOC 应用于高等教育创新模式及有效性研究；

③　MOOC 如何在职业教育中应用；

④　MOOC 如何在 K-12 教育中应用；

⑤　MOOC 服务于开放灵活教育体系、建设学习型社会应用模式研究。

MOOC 作为一个术语有可能在不久的将来淡出人们的视野，然而这并不重要，重要的是 MOOC 已经为我们打开了实施教育改革的大门。

参考文献

［1］中共中央、国务院印发《中国教育现代化 2035》［EB/OL］. （2019-
02-23）［2019-11-07］. http：//www. gov. cn/zhengce/2019-02/23/
content_ 5367987. htm.

［2］CYNTHIA F C, ANDROWI C H. Critical paths implications for improving
praction ［J］. Home Healthcare Nurse：The Journal for the Home Care and
Hospice Professional, 1994, 12（6）：27-34.

［3］迈克尔·吉本斯, 卡米耶·利摩日, 黑尔佳·诺沃提尼, 等. 知识生
产的新模式：当代社会科学与研究的动力学 ［M］. 陈洪捷, 沈文钦,
等译. 北京：北京大学出版社, 2011.

［4］ARBESMAN S. The half-life of facts：why everything we know has an expi-
ration date ［M］. Penguin, 2018.

［5］PARRISH S. Half Life：The Decay of Knowledge and What to Do About It
［EB/OL］. ［2020-01-13］. https：//fs. blog/2018/03/half-life/.

［6］THELIN J R. A history of American higher education ［M］. 2nd ed. Balti-
more：Johns Hopkins University Press, 2011.

［7］The Stanford Education Experiment Could Change Higher Learning Forever
［EB/OL］. ［2019-11-08］. https：//www. wired. com/2012/03/ff_
aiclass/.

［8］沃尔特·艾萨克森. 史蒂夫·乔布斯传 ［M］. 管延圻, 魏群, 余倩,
等译. 北京：中信出版社, 2011.

［9］By The Numbers：MOOCs in 2018 ［EB/OL］. ［2019-01-12］. ht-
tps：//www. classcentral. com/report/mooc-stats-2018/.

［10］张保淑, 赖杰. 慕课：在家修"学分" 网上拿"证书" ［EB/OL］.
（2019-04-17）［2019-04-30］. http：//paper. people. com. cn/
rmrbhwb/html/2019-04/17/content_ 1920233. htm.

［11］祁涛, 王应解. 关于慕课若干认识误区的思考 ［J］. 中国电化教育,

2015（10）：28-32，46.

［12］ Understanding Gartner's Hype Cycles ［EB/OL］. ［2019-09-12］. ht-tps：//www. gartner. com/en/documents/3887767.

［13］ 姜谷林. 浅论售后技术支持及售后技术支持与客户满意度的关系 ［J］. 硅谷，2013（1）：159，181.

［14］ CARDOZO R N. An experimental study of customer effort, expectation, and satisfaction ［J］. Journal of Marketing Research, 1965, 2（3）：244-249.

［15］ FORNELL C, WERNERFELT B. A Model for customer complaint management ［J］. Marketing Science, 1988, 7（3）：287-298.

［16］ KANO N, TAKAHASHI F. The concept of M-H property of quality ［C］. Nippon QC Gakkai：9th Annual Presentation Meeting, 1979.

［17］ 王纯. 在线课程的学习满意度调查及对策分析：以《信息技术与课程整合案例研究》为例 ［D］. 武汉：华中师范大学，2014.

［18］ MARTIN B L. Using distance education to teach instructional design to pre-service teachers ［J］. Educational Technology, 1994, 34（3）：49-55.

［19］ 黄玉湘. 我国社区大学学员学习动机与学习满意度之研究 ［D］. 台北：国立中正大学，2002.

［20］ 田慧生，曾天山，刘芳，等. 基础教育满意度实证研究 ［J］. 教育研究，2016，37（6）：31-42.

［21］ ALDRIDGE S, ROWLEY J. Measuring customer satisfaction in higher education ［J］. Quality Assurance in Education, 1998, 6（4）：197-204.

［22］ SAHNEY S, BANWET D K, KARUNES S. A SERVQUAL and QFD approach to total quality education：a student perspective ［J］. International Journal of Productivity and Performance Management, 2004, 53（2）：143-166.

［23］ PEREDA M, AIREY D, BENNETT M. Service quality in higher education：the experience of overseas students ［J］. Journal of Hospitality Leisure Sport and Tourism Education, 2007, 6（2）：55-67.

［24］ 赵国栋，原帅. 混合式学习的学生满意度及影响因素研究：以北京大学教学网为例 ［J］. 中国远程教育，2010（6）：32-38，79.

［25］ 胡子祥. 高等教育服务质量评价模型研究 ［J］. 现代大学教育，2006

（2）：61-67.

［26］黄复生. 基于学习者视角的远程学习服务质量概念模型［J］. 开放教育研究，2012，18（2）：99-106.

［27］胡勇，赵凤梅. 在线学习成效的理论分析模型及测量［J］. 电化教育研究，2015，36（10）：37-45.

［28］李作战. 西方顾客满意理论研究述评［J］. 商业时代，2006（23）：24-25.

［29］徐明，任喜梅，于君英，等. 服务业顾客满意度指数模型［J］. 中国纺织大学学报，2000，26（3）：51-54.

［30］汪侠，顾朝林，梅虎. 旅游景区顾客的满意度指数模型［J］. 地理学报，2005，60（5）：807-816.

［31］乔均，蒋昀洁. 商业银行个人客户忠诚度评价及实证研究：以商业银行江苏分行为例［J］. 管理世界，2007（7）：94-101，128.

［32］王凯，唐承财，刘家明. 文化创意型旅游地游客满意度指数测评模型：以北京 798 艺术区为例［J］. 旅游学刊，2011（9）：36-44.

［33］王莉艳，南旭光，刘万荣. 我国远程开放教育顾客满意度测评体系构建［J］. 重庆广播电视大学学报，2007，19（4）：6-8.

［34］李莉，李峰. 中国网络远程教学满意度指数模型实证分析［J］. 工业工程与管理，2009，14（1）：115-121.

［35］赵仕红，常向阳. 休闲农业游客满意度实证分析：基于江苏省南京市的调查数据［J］. 农业技术经济，2014（4）：110-119.

［36］GAMAGE D, FERNANDO S, PERERA I. Quality of MOOCs：a review of literature on effectiveness and quality aspects ［C/OL］//2015 8th International Conference on Ubi-Media Computing（UMEOIA）. Colombo, Sri Lanka：IEEE, 2015：224-229［2019-10-22］. https：//ieeexplore. ieee. org/abstract/document/7297459/.

［37］DESPUJOL I M, TURRÓ C, BUSQUÉIS J, et al. Analysis of demographics and results of student's opinion survey of a large scale mooc deployment for the spanish speaking community［C/OL］//2014 IEEE Frontiers in Education Conference. Madrid, Spain：IEEE, 2015：1-8［2019-10-20］. https：//ieeexplore. ieee. org/abstract/document/7044102/.

［38］YOUSEF A M F, CHATTI M A, SCHROEDER U, et al. What drives a successful MOOC? An empirical examination of criteria to assure design quality of MOOCs ［C/OL］ //2014 IEEE 14th International Confence on Advanced Learning Technologies. Athens, Greece: IEEE, 2014: 44-48. https: //ieeexplore. ieee. org/abstract/document/6901394/.

［39］ESPADA J P, RODRÍGUEZ C C, GARCÍA-DÍAZ V, et al. Method for analysing the user experience in MOOC platforms ［C］ //2014 Internetional Symposium On Computers in Education. Logrono, Spain: IEEE, 2015: 157-162.

［40］CONOLE G G. MOOCs as disruptive technologies: strategies for enhancing the learner experience and quality of MOOCs ［J］. Revista de Educación a Distancia, 2016（50）: 1-18.

［41］CREELMAN A, EHLERS U D, OSSIANNILSSON E. Perspectives on MOOC quality- an account of the EFQUEL MOOC quality project ［J］. International Journal for Innovation and Quality in Learning, 2014, 2（3）: 78-87.

［42］姚文建, 姜玉莲. 开放大学学生满意度模型研究: 基于需求结构视角 ［J］. 中国远程教育, 2017（10）: 63-71.

［43］李青, 刘娜. MOOC 质量保证体系研究 ［J］. 开放教育研究, 2015, 21（5）: 66-73.

［44］刘路, 刘志民, 罗英姿. 欧洲 MOOC 教育质量评价方法及启示 ［J］. 开放教育研究, 2015, 21（5）: 57-65.

［45］费苗, 张春兰. 近十年来我国高校学生满意度研究述评 ［J］. 苏州教育学院学报, 2012, 29（6）: 98-101.

［46］韩玉志. 大学生满意度调查应重视的问题: 基于美国大学生满意度调查的思考 ［J］. 教育发展研究, 2008, 28（11）: 84-87.

［47］林卉. 我国高校学生满意度指数测评研究 ［J］. 科技创业月刊, 2007, 20（1）: 124-126.

［48］刘俊学, 袁德平. 高等教育质量是"服务质量"与"产品质量"的辩证统一 ［J］. 江苏高教, 2004（4）: 23-25.

［49］STEVENS P, KNUTSON B, PATTON M. Dineserv: a tool for measuring service quality in restaurants ［J］. Cornell Hotel and Restaurant Administration Quarterly, 1995, 36 (2): 5-60.

［50］ FORNELL C. A national customer satisfaction barometer: the swedish experience ［J］. Journal of Marketing, 1992, 56 (1): 6-21.

［51］ BRECKA J. The American customer satisfaction index ［J］. Quality Progress, 1994, 27 (10): 41.

［52］ ANDERSON E W, FORNELL C. Foundations of the American customer satisfaction index ［J］. Total Quality Management, 2000, 11 (7): 869-882.

［53］ SCHULZ D E. Are we too loyal to our concept of loyalty ［J］. Marketing News, 1998, 32 (13): 11.

［54］ 裴飞, 汤万金, 咸奎桐. 顾客满意度研究与应用综述 ［J］. 世界标准化与质量管理, 2006 (10): 4-7.

［55］ 刘新燕, 刘雁妮, 杨智, 等. 构建新型顾客满意度指数模型: 基于 SCSB、ACSI、ECSI 的分析 ［J］. 南开管理评论, 2003, 6 (6): 52-56.

［56］ 陈畅. 顾客满意度视阈下高考命题质量的评价研究 ［D］. 天津: 天津大学, 2010.

［57］ 史利红. 外语教学中的自我效能理论研究 ［J］. 语言与文化研究, 2015 (1): 54-58.

［58］ 阿尔伯特·班杜拉. 思想和行动的社会基础: 社会认知论 ［M］. 林颖, 王小明, 胡谊, 等译. 上海: 华东师范大学出版社, 2001.

［59］ LI J, 王辞晓, 吴峰. 成人在线学习自我效能感量表编制及测量 ［J］. 远程教育杂志, 2015, 33 (6): 47-53.

［60］ DECI E L, RYAN R M. The "what" and "why" of goal pursuits: human needs and the self-determination of behavior ［J］. Psychological Inquiry, 2000, 11 (4): 227-268.

［61］ RYAN R M, DECI E L. Self-determination theory and the facilitation of intrinsic motivation, social development, and well-being ［J］. American Psychologist, 2000, 55 (1): 68-78.

［62］ 肖慧敏, 周红霞. 翻转课堂课外教学设计研究: 基于自我决定理论 ［J］. 文教资料, 2017 (11): 189-190, 194.

［63］ OLIVER R L. A cognitive model of the antecedents and consequences of satisfaction decisions ［J］. Journal of Marketing Research, 1980, 17 (4): 460-469.

［64］ DAVIS F D, BAGOZZI R P, WARSHAW P R. User acceptance of computer technology: a comparison of two theoretical models ［J］. Management Science, 1989, 35 (8): 982-1003.

［65］ BHATTACHERJEE A. Understanding information systems continuance: an expectation-confirmation model ［J］. MIS Quarterly, 2001, 25 (3): 351-370.

［66］ LIMAYEM M, HIRT S G, CHEUNG C M K. How habit limits the predictive power of intention: the case of information systems continuance ［J］. MIS Quarterly, 2007, 31 (4): 705-737.

［67］ BHATTACHERJEE A, PEROLS J, SANFORD C. information technology continuance: a theoretic extension and empirical test ［J］. The Journal of Computer Information Systems, 2008, 49 (1): 17-26.

［68］ BAGOZZI R P, FORNELL C. Theoretical concepts, measurement and mening ［M］//A second generation of multivariate analysis. Measurement and evaluation, 1982.

［69］ SARSTEDT M, MOOI E. A concise guide to market research: the process, data, and methods using IBM SPSS statistics ［M］. NewYor: Springer, 2014.

［70］ 郝元涛, 方积乾. 结构方程模型及其在医学中的应用研究 ［J］. 中国医院统计, 2003, 10 (4): 240-244.

［71］ CHIN W W, NEWSTED P R. Structural equation modeling analysis with small samples using partial least squares ［J］. Statistical strategies for small sample research, 1999 (1): 307-341.

［72］ 崔相学. 结构方程模型学习要义 ［J］. 成都中医药大学学报（教育科学版）, 2007, 9 (1): 57-58.

［73］ JÖRESKOG K G. A general method for analysis of covariance structures ［J］. Biometrika, 1970, 57 (2): 239-251.

［74］ 梁燕. 关于顾客满意度指数的若干问题研究 ［J］. 统计研究, 2003,

20 （11）：52-56.

[75] GERLACH R W, KOWALSKI B R, WOLD H O A. Partial least-squares path modelling with latent variables ［J］. Analytica Chimica Acta, 1979, 112 （4）：417-421.

[76] CHRISTENSON S L, RESCHLY A L, WYLIE C. Handbook of Research on Student Engagement ［M/OL］//Springer Sciencet Business Media LLC, 2012 ［2010-10-11］. https：//doi. org/10. 1007/978-1-4614-2018-7.

[77] 牟智佳. MOOCs 学习参与度影响因素的结构关系与效应研究：自我决定理论的视角 ［J］. 电化教育研究, 2017, 38 （10）：37-43.

[78] LAROSE R, DE MAAGD K, CHEW H E, et al. Measuring sustainable broadband adoption：an innovative approach to understanding broadband adoption and use ［J］. International Journal of Communication, 2012 （1）：1932-8036.

[79] CHIU C M, WANG E T G. Understanding Web-based learning continuance intention：the role of subjective task value ［J］. Information & Management, 2008, 45 （3）：194-201.

[80] FORNELL C, JOHNSON M D, ANDERSON E W, et al. The American customer satisfaction index：nature, purpose, and findings ［J］. the Journal of Marketing, 1996, 60 （4）：7-18.

[81] 风笑天. 社会研究方法 ［M］. 4 版. 北京：中国人民大学出版社, 2013.

[82] SHIH H P. Extended technology acceptance model of Internet utilization behavior ［J］. Information and Management, 2004, 41 （6）：719-729.

[83] PAVLOU P A, FYGENSON M. Understanding and predicting electronic commerce adoption：an extension of the theory of planned behavior ［J］. MIS quarterly, 2006, 30 （1）：115-143.

[84] KIM D J, FERRIN D L, RAO H R. A trust-based consumer decision-making model in electronic commerce：the role of trust, perceived risk, and their antecedents ［J］. Decision Support Systems, 2008, 44 （2）：544-564.

[85] ZEITHAML V A, PARASURAMAN A, MALHOTRA A. Service quality

delivery through web sites: a critical review of extant knowledge [J]. Journal of the Academy of Marketing Science, 2002, 30 (4): 362-375.

[86] VENKATESH V, MORRIS M, GORDON B, et al. User acceptance of information technology: toward a unified view [J]. MIS Quarterly, 2003, 27 (3): 425-478.

[87] TAYLOR S, TODD P A. Understanding information technology usage: a test of competing models [J]. Information Systems Research, 1995, 6 (2): 144-176.

[88] 赵耀华, 韩之俊. 基于结构方程的高校顾客满意度模型 [J]. 系统工程, 2007, 25 (11): 85-90.

[89] 金勇进, 梁燕. 偏最小二乘 (Partial Least Square) 方法的拟合指标及其在满意度研究中的应用 [J]. 数理统计与管理, 2005, 24 (2): 40-44.

[90] 刘金荣. 地方政府门户网站公众接受度及推进策略实证研究 [J]. 情报杂志, 2011, 30 (4): 182-185.

[91] CHIN W W. Issues and opinion on structural equation modeling [J]. MIS Quarterly, 1998, 22 (1): 360 - 363.

[92] HAIR J F, RINGLE C M, SARSTEDT M. PLS-SEM: indeed a silver bullet [J]. Journal of Marketing Theory and Practice, 2011, 19 (2): 139-152.

[93] COHEN J. Statistical power analysis for the behavioral sciences [M]. Routledge, 2013.

[94] HENSELER J, DIJKSTRA T K, Sarstedt M, et al. Common beliefs and reality about partial least squares: comments on Rönkkö and Evermann [J]. Organizational Reseach Metods, 2014, 17 (2): 182-209.

[95] HU L, BENTLER P M. Cutoff criteria for fit indexes in covariance structure analysis: Conventional criteria versus new alternatives [J]. Structural equation modeling: a multidisciplinary journal, 1999, 6 (1): 1-55.

[96] 牟智佳, 武法提. MOOC 学习结果预测指标探索与学习群体特征分析 [J]. 现代远程教育研究, 2017 (3): 58-66, 93.

[97] 赵伶俐, 潘莉. 高校学生对教学、任课教师和课程满意度的调查 [J]. 重庆大学学报 (社会科学版), 2001, 7 (3): 119-124.

［98］陈向明. 质的研究方法与社会科学研究［M］. 北京：教育科学出版社，2000.

［99］杨善华，谢立中. 西方社会学理论（上卷）［M］. 北京：北京大学出版社，2005.

［100］罗伯特·K. 殷. 案例研究方法的应用［M］. 周海涛，李永贤，李宝敏译. 重庆：重庆大学出版社，2009.

［101］BRINKMANN S, KVALE S. InterViews：learning the craft of qualitative research interviewing［M］. 3rd ed. CA：Sage Thousand Oaks, 2015.

［102］CARCARY M. The research audit trial-enhancing trustworthiness in qualitative inquiry［J］. Electronic Journal of Business Research Methods, 2009, 7 (1)：11-24.

［103］LEUNG L. Validity, reliability, and generalizability in qualitative research［J］. Journal of family medicine and primary care, 2015, 4 (3)：324-327.

［104］伍威·弗里克. 质性研究导引［M］. 孙进译. 重庆：重庆大学出版社，2011.

［105］金慧，刘迪，李艳. 打造社交型高质量慕课平台：访英国 FutureLearn 公司总裁西蒙·尼尔森［J］. 世界教育信息，2015, 28 (1)：9-11.

［106］李艳，张慕华. 开放教育资源和慕课如何影响世界高等教育？——访美国印地安纳大学教学系统技术系柯蒂斯·邦克教授［J］. 开放教育研究，2015, 21 (5)：4-13.

［107］陈玉琨. 中小学慕课与翻转课堂教学模式研究［J］. 课程·教材·教法，2014, 34 (10)：10-17, 33.

［108］孙发勤，冯锐. 基于学习分析的在线学业成就影响因素研究［J］. 中国电化教育，2019 (3)：48-54.

［109］吴青，罗儒国. 学习分析：从源起到实践与研究［J］. 开放教育研究，2015, 21 (1)：71-79.

［110］吴永和，陈丹，马晓玲，等. 学习分析：教育信息化的新浪潮［J］. 远程教育杂志，2013, 31 (4)：11-19.

［111］孙发勤，董维春. 基于学习分析的在线学习用户画像研究［J］. 现代教育技术，2020, 30 (4)：5-11.

［112］CHANG H C, CHANG H C, CHANG H C. Developing EL-RFM model for quantification learner's learning behavior in distance learning ［J］. International Conference on Education Technology and Computer, 2010, 4：22-24.

［113］FADER P S, HARDIE B G S, LEE K L. RFM and CLV：using iso-value curves for customer base analysis ［J］. Journal of Marketing Research, 2005, 42（4）：415-430.

［114］KIM K, CHOI Y J, KIM M, et al. Teaching-learning activity modeling based on data analysis ［J］. Symmetry, 2015, 7（1）：206-219.

［115］TOTH P. Online learning behavior and web usage mining ［J］. WSEAS Transactions on Advances in Engineering Education, 2013, 10（2）：71-81.

［116］王锐, 李荻, 阙师鹏, 等. 基于改进 RFM 模型和证据推理的 MOOC 学习者忠诚度度量模型研究 ［J］. 江西理工大学学报, 2018, 39（4）：52-57.

［117］CHANG H C. Developing EL-RFM model for quantification learner's learning behavior in distance learning ［C］//2010 2nd International Conference on Education Technology and Computer. IEEE, 2010.

［118］PELLEG D, MOORE A. X-means：extending k-means with efficient estimation of the number of clusters. ［C］//Proceedings of the Seventeenth International Coference on Machine Learning. Stanford University, 2000：727-734.

［119］陈子健, 朱晓亮. 基于面部表情的学习者情绪自动识别研究：适切性、现状、现存问题和提升路径 ［J］. 远程教育杂志, 2019, 37（4）：64-72.

［120］柴金焕, 马希荣. 基于情感计算的和谐人机教学模型的研究 ［J］. 微计算机信息, 2010, 26（28）：219-221.

［121］郭易, 兰舟. 到"慕课"潮头击水：访人民卫生出版社总编辑杜贤 ［J］. 出版发行研究, 2014（11）：15-18.

［122］张麒, 刘俊杰, 任友群. 哈佛"慕课"深度谈：访哈佛大学副教务长包弼德教授 ［J］. 开放教育研究, 2014, 20（5）：4-10.

［123］THOMAS SNYDER. 120 Years of American Education：A Statistical Portrait ［M］. National Center for Education Statisics，1993.

［124］李静. 测算重大事件影响力的新方法 ［D］. 武汉：华中师范大学，2012.

［125］吴南中，夏海鹰，张岩. 信息技术推动教育形态变革的逻辑、形式、内容与路径 ［J］. 中国电化教育，2019 (11)：24-33.

［126］赵冬冬，朱益明. 信息技术引领教学改革及其辨正：兼议"屏幕改变命运" ［J］. 中国电化教育，2019 (11)：41-48.

［127］张寅清. 普通高校继续教育改革发展目标任务评骘 ［J］. 继续教育研究，2004 (3)：1-5.

［128］李怀龙，李慧，裴新宁. 教育过程复杂性及对技术变革教育的制约 ［J］. 现代远程教育研究，2014 (5)：46-52.

［129］郭文革. 媒介技术：一种"长时段"的教育史研究框架 ［J］. 教育学术月刊，2018 (9)：3-15.

［130］周杨. 一次融合与创新的 MOOC 实践：访 MOOC 电路原理（一）主讲教师于歆杰 ［J］. 中国大学教学，2014 (3)：41-45.

［131］张金磊，王颖，张宝辉. 翻转课堂教学模式研究 ［J］. 远程教育杂志，2012，30 (4)：46-51.

［132］丁善耘. 对我国高校第二专业现状的思考 ［J］. 河南大学学报（社会科学版），2006，46 (6)：162-164.

［133］张男星，饶燕婷. "慕课"（MOOCs）带给中国大学的挑战与机遇：访上海交通大学校长张杰 ［J］. 大学（学术版），2014 (01)：4-15.

［134］什么是逆向式暂存学费，如何扣费及退还？［EB/OL］. (2013-05-08) ［2019-11-08］. http：//www. dataguru. cn/article-3157-1. html.

［135］吴遵民. 全球化视野中"学习社会"与基础教育改革 ［J］. 教育理论与实践，2004，24 (10)：13-17.

［136］Free Online Courses & Online Learning ［EB/OL］. ［2019-11-06］. https：//alison. com/.

［137］黄维德，郗静. 人力资本贬值研究评介 ［J］. 外国经济与管理，2009，31 (12)：16-24.

［138］DORN S D. Digital health：hope, hype, and Amara's law ［J］. Gastroenterology，2015，149 (3)：516-520.

附录

附录1 MOOC学习满意度在线调查表

亲爱的同学：

我们小组正在进行一项关于中国大学MOOC满意度影响因素的研究，诚邀优秀的您参加我们的在线调查，我们保证一定会尊重和保护您的隐私。

本问卷共35题，需要耗费您3~5分钟，谢谢您的耐心答题。

本调查为有偿调查，3元微信红包，请在微信中领取，转发无效。

领取方式如下：

1. 手机领取方式：复制本问卷的地址→在微信上发给自己→点击网址答题→提交领取。

2. 电脑领取方式：打开邮件→点击放大本问卷的二维码→进入微信扫描答题→提交领取。

您的意见对我们非常重要，谢谢！

---

1. 您的性别［单选题］＊

○A. 男

○B. 女

2. 您所在的年级［单选题］＊

○A. 大一

○B. 大二

○C. 大三

○D. 大四

○E. 研究生

○F. 其他

3. 您所学的专业［单选题］＊

○A. 文史类

○B. 理工类

○C. 艺体类

4. 您在网上一共参加过几门网络课程［单选题］＊

○A. 没有

○B. 1~2 门

○C. 3~4 门

○D. 5~10 门

○E. 大于 10 门

5. 您最近一次学习的网络课程［填空题］＊

_____

6. 您选择在线课程学习的主要目的（请根据学习动机强弱依次选择，答案可以是一个，也可以是多个）［多选题］＊

□A. 获得课程学分或资格（技能）证书

□B. 解决实际生活或工作中遇到的问题

□C. 提高专业素养和技能

□D. 出于个人兴趣爱好

□E. 学校、老师或者家长等的要求

7. 您最常使用什么方式参加网络课程的学习［单选题］＊

○A. 手机

○B. PAD

○C. 公共电脑

○D. 私人电脑

8. 这个在线课程的课时安排合理、灵活（包括课时的时间和频次），方便我调整学习进度［单选题］＊

○A. 非常不符合

○B. 不符合

○C. 一般

○D. 符合

○E. 非常符合

9. 我认为，在线课程中学习者之间的对话交流都是学习的重要过程 [单选题] *

○A 非常不符合

○B. 不符合

○C. 一般

○D. 符合

○E. 非常符合

10. 网络课程的主观题作业由同伴互评，我觉得很合理也很公平 [单选题] *

○A. 非常不符合

○B. 不符合

○C. 一般

○D. 符合

○E. 非常符合

11. 这个在线课程学习平台的设计（包括布局、导航等）清晰明确、页面美观大方 [单选题] *

○A. 非常不符合

○B. 不符合

○C 一般

○D. 符合

○E. 非常符合

12. 这个在线课程学习平台很容易操作和使用 [单选题] *

○A. 非常不符合

○B. 不符合

○C 一般

○D. 符合

○E. 非常符合

13. 这个在线课程学习平台的各项功能（如笔记、测试和互动等）都比较完备 [单选题] *

○A. 非常不符合

○B. 不符合

○C 一般

○E. 非常符合

○D. 符合

14. 总的来说，学习这门课程是有用的［单选题］＊

○A. 非常不符合

○B. 不符合

○C 一般

○D. 符合

○E. 非常符合

15. 这个网络课程能帮助我提高课程内容相关能力［单选题］＊

○A. 非常不符合

○B. 不符合

○C 一般

○D. 符合

○E. 非常符合

16. 这个在线课程的内容很实用，能帮助我解决实际问题或取得学分 ［单选题］＊

○A. 非常不符合

○B. 不符合

○C 一般

○D. 符合

○E. 非常符合

17. 在网络课程的学习过程中，我经常会通过各种方式和教师进行积极 的交流对话［单选题］＊

○A. 非常不符合

○B. 不符合

○C 一般

○D. 符合

○E. 非常符合

18. 在网络课程的学习过程中，我经常和参与学习的同伴进行积极的交流对话［单选题］＊

　　○A. 非常不符合

　　○B. 不符合

　　○C. 一般

　　○D. 符合

　　○E. 非常符合

19. 我认为，平台应该提供更强大的供学习者相互交流的功能以支持学习者之间广泛的对话交流［单选题］＊

　　○A. 非常不符合

　　○B. 不符合

　　○C 一般

　　○D. 符合

　　○E. 非常符合

20. 参加这门网络课程的经历是愉快的［单选题］＊

　　○A. 非常不符合

　　○B. 不符合

　　○C 一般

　　○D. 符合

　　○E. 非常符合

21. 通过这个在线课程的学习，我达到了预期的期望［单选题］＊

　　○A. 非常不符合

　　○B. 不符合

　　○C 一般

　　○D. 符合

　　○E. 非常符合

22. 我对这门课程总体上很满意［单选题］＊

　　○A. 非常不符合

　　○B. 不符合

　　○C 一般

　　○D. 符合

○E. 非常符合

23. 这个在线课程的内容丰富有趣，正是我想学的［单选题］ ＊

○A. 非常不符合

○B. 不符合

○C. 一般

○D. 符合

○E. 非常符合

24. 这个在线课程每章节内容安排都很有逻辑，我能够很好地理解［单选题］ ＊

○A. 非常不符合

○B. 不符合

○C 一般

○D. 符合

○E. 非常符合

25. 这个在线课程的授课目标、方式、评价或考核方式等都表达得比较清楚［单选题］ ＊

○A. 非常不符合

○B. 不符合

○C 一般

○D. 符合

○E. 非常符合

26. 这个在线课程的整个学习经历比我预期要好［单选题］ ＊

○A. 非常不符合

○B. 不符合

○C. 一般

○D. 符合

○E. 非常符合

27. 这个网络课程的内容及平台的服务都比我预期要好［单选题］ ＊

○A. 非常不符合

○B. 不符合

○C 一般

○D. 符合

○E. 非常符合

28. 总体来说，我的大部分期望都得以满足［单选题］ *

○A. 非常不符合

○B. 不符合

○C 一般

○D. 符合

○E. 非常符合

29. 我会向其他人推荐这门课程的教师［单选题］ *

○非常不符合

○不符合

○一般

○符合

○非常符合

30. 我会向其他人分享或推荐这门课程［单选题］ *

○A. 非常不符合

○B. 不符合

○C 一般

○D. 符合

○E. 非常符合

31. 如果有机会，我还会在这个平台上选择一门在线课程进行学习［单选题］ *

○A. 非常不符合

○B. 不符合

○C 一般

○D. 符合

○E. 非常符合

32. 学习在线课程之前，我会给自己设立一个目标，并且做好学习计划［单选题］ *

○A. 非常不符合

○B. 不符合

○C. 一般

○D. 符合

○E. 非常符合

33. 即使在学习过程中遇到很多干扰因素，我还是坚持学完了这门课程［单选题］ *

○A. 非常不符合

○B. 不符合

○C. 一般

○D. 符合

○E. 非常符合

34. 我相信通过我的努力，一定可以把这门课程学好［单选题］ *

○A. 非常不符合

○B. 不符合

○C. 一般

○D. 符合

○E. 非常符合

35. 您认为，以下哪几点直接会影响您的在线学习体验［多选题］ *

□A. 课程实用有趣

□B. 平台美观方便

□C. 教师课后指导

□D. 同伴互动交流

□E. 其他_____

附录 2　MOOC 学习满意度访谈提纲 V1

1. 学习课程之前对这门课程的期待是什么样的？你所选的这门课程有没有达到这种期待？总体上描述一下你参加 MOOC 的过程，以及评价一下对自己的本次 MOOC 学习是否满意。

2. 参与 MOOC 学习的过程中，你觉得老师教得好不好（具体描述）？在平台老师跟你有交流吗，都是什么样的方式，多不多？你希望老师在哪些方面可以帮到你？

3. 你使用的 MOOC 平台在界面设计、系统功能及用户体验方面是否对学习有影响？如果需要改进，希望平台在哪些方面提供帮助？举例子说明。

4. 你参加 MOOC 课程的动机是什么？课程结束后，你觉得能达到你的期望吗？

5. 参加 MOOC 学习以来，你是否取得进步，是否得到了满足？为什么？

6. 到目前为止，你对自己的 MOOC 学习还算满意吗？如果自己需要改进，应该在哪些方面？如果老师需要改进，应该在哪些方面？如果平台需要改进，应该在哪些方面？

7. 你觉得 MOOC 的学习现状符合自己选课之前的期待吗？理想和现实之间的差距都表现在什么地方呢？自己尝试分析一下原因，好吗？

附录 3　MOOC 学习满意度访谈提纲 V2

1. 最近参加了哪些 MOOC 课程的学习？用的是什么平台？参加学习后，你的学习计划是怎样的？

2. 选择这些 MOOC 课程出于什么初衷？选择课程前，你对课程内容有什么期待？

3. 总体描述一下你的 MOOC 学习过程，学习过程你觉得开心、顺利吗？总体的体验如何？

4. 你觉得 MOOC 的总体课程内容怎样？学习结束后和你之前的期待有多大差距，为什么？课程作业完成得怎么样？

5. 授课老师是如何在 MOOC 中开展教学的，是你喜欢的方式吗？为什么，能举个例子吗？

6. 学习过程中老师是怎么和你互动的？你希望老师在什么时候，哪些方面对你进行帮助？

7. 你一般线下和谁一起参加 MOOC 课程学习，线上和谁一起讨论？你觉得同伴学习对你的 MOOC 学习有帮助吗，为什么？

8. 你在使用 MOOC 平台时有没有印象特别深刻的事情？能详细描述你的感受吗？

9. 你还愿意继续参加 MOOC 其他课程的学习吗？你愿意把你之前学习

的课程推荐给其他同学吗，为什么？

10. 参加 MOOC 学习的过程中，你对自己的表现怎么看？为了更好地完成 MOOC 的学习，你觉得自己还有哪些方面是可以改进的？